Birte und Dieter Pröttel

GOLF

Birte und Dieter Pröttel

GOLF

für Spätberufene und
Seiteneinsteiger

Mary Hahn Verlag

Lektorat: Gudrun Ruoff
Illustrationen: Peter Paul Halapa, München-Straßlach
Umschlaggestaltung: Bernd und Christel Kaselow, München,
unter Verwendung einer Illustration von Peter Paul Halapa
Satz: Satzstudio Geiß, Puchheim
Gesetzt aus: 11/14 Punkt Stone Serif in PostScript
Druck und Binden: Wiener Verlag, Himberg
Printed in Austria
ISBN 3-87287-424-1

Inhalt

Golf…

Vorwort

Eigentlich...

...sollte dies ja ein Weihnachtsgeschenk für meinen Mann Dieter werden. Ich hatte mal wieder keine andere Idee. Dann aber nahm das Schicksal seinen Lauf.

Er, der zu Beschenkende, wollte mich auf eine kleine Runde von 18 Loch mitnehmen und fragte, was ich denn da immer so am Computer rumhän-

ge, das sei doch sowieso nichts für Frauen. Auf dem Ohr höre ich nun ziemlich schlecht...

Ungeduldig schlich Dieter sich näher, linste über meine Schulter und las einige Zeilen. Natürlich war er ganz anderer Meinung und aus der Golfrunde und dem Weihnachtsüberraschungsgeschenk wurde nichts.

Nachdem er mir ein paar ultimativ richtungsweisende Tips gegeben hatte: „Das mußt du so machen...", und „Das muß unbedingt auch ins Buch...", forderte ich ihn schnippisch auf: „Dann schreib's doch selber!"

Was als Drohung gedacht war, nahm er als Aufforderung. Spitzte den Bleistift, besorgte Umweltpapier, schrieb in Windeseile, und ich durfte dann abtippen. So wurde aus meinem frühverehelichten, spätberufenen Golfer ein Seiteneinsteiger als Co-Autor.

Und wir beide wünschen Ihnen soviel Spaß beim Lesen, wie wir ihn beim Schreiben hatten. Nebenbei bemerkt, eignet sich das Buch nicht nur hervorragend als Weihnachtsgeschenk, auch zu Ostern ist es hochwillkommen, schließlich steht die neue Saison vor der Tür und mit ihr viele erfolgreiche und fröhliche Runden.

Die wünschen Ihnen

Ihre Birte und Dieter

Fore

Fore hat, wie orthographisch leicht festzustellen, nichts mit Vorwort zu tun. *Fore* ist ein Wort aus der Geheimlehre des Golfes und bedeutet soviel wie: Vorsicht! Rette sich wer kann. Wer *„Fore"* hört, hat sogleich seinen Kopf mit gekreuzten Armen zu schützen und dann ab in die Büsche oder muß sich plattfischflach mit der Nase in den Rasen bohren.

Das Wort *Fore* kommt übrigens aus den antiken Golfzeiten. Damals hatte man zwei Caddies. Einen, der die bleischwere Ausrüstung schleppte, und einen, der flink vorauslief und erspähen mußte, wo der Ball landete. Dies war der *Fore*-Caddie. Wenn für ihn nun die Gefahr bestand, vom hemmungslos in die falsche Richtung düsenden Ball getroffen, das Leben auszuhauchen, rief der Herren-Golfer mit lauter Stimme *Fore*, um ihn zu warnen. Heute warnt man mit diesem Ruf alles, was sich in der Schußlinie befindet. *Fore*-Caddies sind allerdings aus der Mode gekommen.

Also: *Fore* für alle Leser!

Dieses Buch ist allen jenen mutigen Menschen ge-

widmet, die unter „Golf" nicht ein Fortbewegungsmittel mit vier Rädern, sondern eine Fortbewegung auf zwei Beinen verstehen. Und zwar werden diese nicht mit Benzin oder einem anderen flüssigen Treibstoff zum Laufen angespornt, sondern durch einen kleinen Ball, der zudem noch mit völlig unpassenden Instrumenten vorangetrieben wird.

Diese Fortbewegung von Punkt A nach Punkt B (Tee 1 zu Loch 18) ist aufregend, stressig, bringt Freude und Leid. Wie im richtigen Leben eben. Dieses Spiel lehrt sehr rasch Freund und Feind unterscheiden und läßt Charaktereigenschaften – eigene und die der anderen – an Profil gewinnen. Überdies soll Golf nach neuesten Erhebungen unter anderem auch noch ein Sport sein.

Nach Nietzsche gibt es nur zweierlei Menschen: den Übermenschen wie Bernhard Langer, Nick Faldo oder Greg Norman und die entbehrliche Masse. Zu der werden Sie als spätberufener Golfer den Rest Ihres Daseins gehören.

Golf ist Philosophie und Lebensanschauung, mit deren Hilfe man lernt, sich, den hehren Sport, seltsame Mitmenschen und das Leben an sich nicht ganz ernst zu nehmen. Und dieser kleine Ratgeber ist echte Lebenshilfe für all jene, die die Leichtigkeit des Golferdaseins zu schwernehmen.

Zu Risiken oder Nebenwirkungen der hier gemachten Vor- und Ratschläge fragen Sie Ihren Golflehrer oder noch besser das allein seligmachende Regelwerk des „Royal and Ancient Golf Club of St. Andrews“.

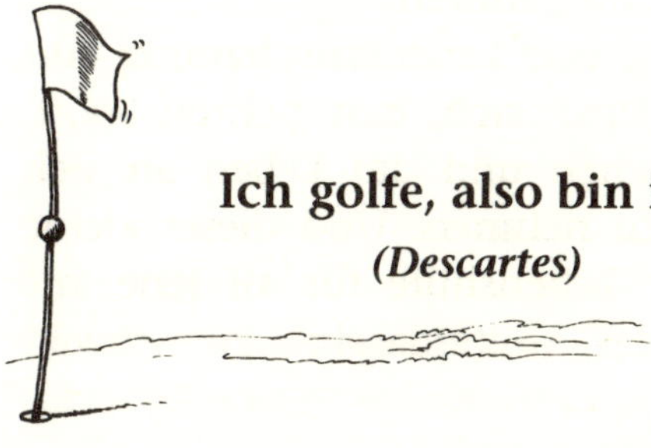

Ich golfe, also bin ich.

(Descartes)

Sport oder nicht Sport, das ist nicht die Frage

...und darauf kommt es auch gar nicht an. Sie können stolz darauf sein, sich in einem Alter, wo die Kollegen ihr Blut nur noch durch das Zappen der Fernbedienung in Wallung bringen, entschlossen zu haben, noch mal ganz von unten und ganz von vorne anzufangen. Klopfen Sie sich selbst auf die Schulter, daß Sie nun, obwohl Ihre Kinder Ihnen letzte Weihnachten eine Familienflasche „Doppelherz" geschenkt haben, sooft wie möglich auf kleine weiße Bälle schlagen und danach beim Begut- oder Beschlechtachten der Erfolge das eine oder andere Golferbierchen kippen. Sie dürfen sich was darauf einbilden, daß Sie Ihren Adrenalinspiegel regelmäßig in die Höhe jagen. Und das nicht, weil Sie, wie Ihre Alterskollegen, mal wieder die Garagenwand geschrammt, sondern beinahe ein Hole in one geschlagen haben.
Lassen Sie sich nicht aus dem Schlag bringen, wenn Ex-Freunde spotten, daß es sich beim Golf weniger um einen Sport als um einen Zeitvertreib für Leute, die in gesicherter Armut leben, handele. Die ignoranten Spötter wissen nicht, was Sport ist.

Das Wort kommt aus dem Englischen und bedeutet sowohl Pflege der körperlichen Fähigkeiten, ihre Erprobung und Steigerung im Wettkampf (Brockhaus) als auch Spiel. Deswegen ist Schach Sport, obwohl es doch ein Spiel ist. Auf Golf bezogen beinhaltet das Wort Sport auch beides. Sowohl körperliche Ertüchtigung (schließlich rennt man nicht ungestählt mindestens acht bis zehn Kilometer lang dem Ball hinterher) als auch Spiel und Wettkampf. Gegen sich selbst und gegen den Rest der Welt.

Golf vermittelt im Zeitraffer alle Höhen und Tiefen eines Lebens: erste Liebe, Verzweiflung, Scheidungsgedanken, Euphorie, Absturz ins Nirwana, Glück, Verachtung, Anerkennung und hin und wieder die volle Krise.

Und wenn einer sagt: „So alt kann ich gar nicht werden, daß ich mit Golf anfange!“, dann lächeln Sie milde und wünschen ihm ein erfülltes, glückliches Alter.

Ein Golfer kommt selten allein.

(Binsenweisheit)

Freiheit, Gleichheit, Brüderlichkeit

Diese menschenliebenden Forderungen, für die unsere französischen Nachbarn schon vor über 200 Jahren auf die Barrikaden gingen, kann und sollte sich auch jeder spätberufene Golfer auf seine Fahne schreiben:

Freiheit: Machen Sie sich frei von allen noch so berechtigten Gedanken, durch die Sie der öde Alltag belastet. Leben Sie nur noch für eines: das Golfen. Befreien Sie sich von jeglichem Streß, Frau, Kind, Kegel, Enkelkind oder gar dem Garten. Überlassen Sie Ihre Verpflichtungen sich selbst. Sie werden glückvoll erfahren, wie die erträumte, herbeigesehnte Platzfreigabe ganz von allein kommt, Ihr Handicap rapide sinkt. Die glitzernden Pokale aus gewonnenen Turnieren vermehren sich wie Karnickel. Sonst aber sind Sie alles los: Frau, Kind, Job und Garten. Frei, endlich frei!

Gleichheit: Diese hehre Forderung ist beim Golfen für viele nur durch verbissenen Ehrgeiz und unzählige Übungsstunden mit und ohne Pro auf der Drivingrange zu bewältigen. Denn der eine hat's und der andere nicht: das Talent!

Wie sagte schon Matthäus – nicht der Fußballer, sondern der Jünger – in Kapitel 16, Vers 20 im Buch der Bücher: „Viele sind berufen, aber wenige auserwählt."

Und für die, die dem lockenden Ruf des Golfes gefolgt sind, aber eben nicht zu den wenigen Auserwählten gehören, die sich mühelos wie eine Stahlfeder spannen, sich auf den vor ihnen liegenden kleinen Ball uneingeschränkt konzentrieren können, für diese heißt es: üben, üben, üben. Aber man kann dem zurückhaltenden Glück ein wenig auf die Sprünge helfen. Schließlich passiert es auch den begabtesten Mathematikern, daß sie sich mal verzählen. Und manchmal erweist es sich als hilfreich, einen zweiten Ball gleicher Marke und Numerierung griffbereit in der Tasche zu haben. Aber das nur nebenbei.

Brüderlichkeit: Nirgendwo ist es leichter, einen Bruder oder eine Schwester im Geiste zu finden als unter Golfern, sei es auf einer Cocktailparty oder direkt auf dem Golfplatz. Dies sind Freundschaften, die Nichtgolfer an den Rand der Verzweiflung treiben. Aber gemeinsam das Tal der Tränen zu durchsteigen, das verbindet nun mal. Zumindest so lange, bis der andere besser ist als man selber. Dann zeigt es sich, ob man einen wahren neuen Freund oder eine liebenswerte Golffreundin fürs Leben gefunden hat. Spielt er oder sie nur noch

mit besseren Golfern, sollten Sie ihn oder sie aus Ihrem Leben ausgrenzen. Suchen Sie sich einen noch unbegabteren Mitspieler, als Sie es sind. Wenn Sie ihm oder ihr dann erklären können, was ein Chip-Putt ist und er/sie verzückt an Ihren Lippen hängt, als wären Sie der Golf-Guru in Menschengestalt, dann wächst Ihr Selbstwertgefühl wieder, und Sie schweben auf grünen Wolken, wenn Sie über das Fairway laufen. Trinken Sie mit Ihrer neuen Golferoberung Brüderschaft und halten Sie sie von der Drivingrange absolut fern. Dann können Sie auch noch nach einem halben Jahr das alte Freimaurerlied anstimmen: „Brüder reicht die Hand zum Bunde…“

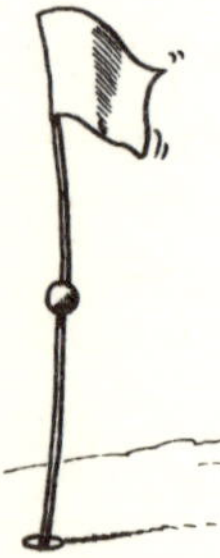

Wer ein Hole in one
errungen,
mische seinen Jubel ein.

(Schiller)

Ein Golfer ist auch nur ein Mensch

Golfer sind Menschen, die von Nichtgolfern belächelt, bestaunt, beneidet und auch verachtet werden. Sie tragen karierte Hosen, bunte Sonnenschilde, riesige Schirme, fröhnen ihrer Leidenschaft, auch wenn es Katzen hagelt, sie ziehen große Taschen hinter sich her, wie die Omi ihren „Kartoffelmercedes". Die Golfer sprechen eine unverständliche Sprache und laufen stundenlang quer durch die Natur einem kleinen weißen Ball hinterher. Nachdem nun aber ein Bernhard Langer für Golf das geworden ist, was das liebe Bobbele für Tennis, verbreitet sich mehr und mehr die Erkenntnis unter den Nichtgolfern: Golfer sind auch Menschen und als solche zu behandeln.
Wenn sie auch manchmal komische Vögel sind, sollte man ihnen wenigstens die gleiche Fürsorge und Pflege angedeihen lassen, die das Tierschutzgesetz für seine Schützlinge verlangt.
Demzufolge fordert das Golferherz:

- freie Entfaltungsmöglichkeit
- ausreichend Nahrung
- immer ein sauberes Wasserhindernis

- keine Hemmnisse – höchstens hier und da ein blauer Pfosten.

Auch das Grundgesetz erlaubt keine ideologisch verbrämten Versuche, diese einzigartige Spezies auszurotten, nur weil sie als Naturschädlinge, sei es mit dem Holz, Eisen oder BMW, gelten. Es kann keiner etwas dafür, daß er Golfer ist. Golfer zu sein ist ein Schicksal und beileibe kein leichtes. Es gibt zwar einige, die freiwillig dieses Los ziehen, nur weil sie im Tennis mit den Jungen nicht mehr mithalten können.

Und da gibt es noch die anderen 50 % (zumindest bei den Spätberufenen), die meinen, einfach mitziehen zu müssen, nur weil die zeitgeistbewußte bessere Hälfte diese Golfidee hatte. Wenn sie es nicht täten, dürften sie überhaupt nichts mehr ziehen, nicht mal ein Golfbag.

Wenn Sie diese Zeilen lesen, sind Sie aller Wahrscheinlichkeit nach bereits auch von einem ansteckenden Golf-Virus infiziert, der besonders harmlose Mitbürger befällt. Andernfalls hätten Sie es längst mit dem Ausdruck des Entsetzens angeekelt abgelehnt, auch nur eine Zeile weiterzulesen.

Aber Sie wollen es wissen. Und Sie sollen es auch wissen. Wissen ist Macht, und wenn Sie die Geheimlehre, der sie beigetreten sind, kennen, kann Ihnen auf keinem Fairway, keinem Rough (gesprochen Raff), nicht am 19. Loch noch in Lady's

Locker Room (so nennt die anglophile Golferin auch den schlichtesten Umkleideraum) etwas passieren. Sie werden fortan vom feingeknüpften Netzwerk masochistischer Golfer aufgefangen, gestützt, getragen. Sie brauchen nur kleine Indizien, wie einen güldenen Golfball am Schlüsselbund, ein erdverkrustetes Tee (gesprochen Ti) in der Hosentasche oder die Golfgabel am Gürtel zu tragen. Jeder Eingeweihte wird somit wissen, daß Sie dazugehören. Und man wird mit Ihnen Freud und Leid auskosten, ob Sie aus Versehen ein Hole in one oder mit Absicht ins Aus geschlagen haben. Jeder Ihrer neuen Freunde wird die höchste Verzückung verstehen oder mit Ihnen in das tiefste Loch der Verzweiflung stürzen. Je nachdem, was der kleine hinterlistige Ball mit Ihnen veranstaltet hat, immer wird ein Golfer zur Stelle sein, der Sie tröstet: „Beim nächsten Loch wird alles anders!“

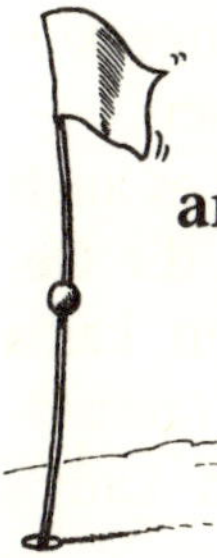

Zum Golfe drängt,
am Golfe hängt doch alles,
ach, wir Armen.

(Goethe)

Der PRO oder der liebe Gott

Menschen fortgeschrittenen Alters, entsprechender Reife und tiefer Erfahrung auf allen Gebieten menschlichen und unmenschlichen Wesens lieben es, dieses Know-how den folgenden Generationen kundzutun. So will sich der Durchschnittsmensch, der keine literarischen, künstlerischen oder gar politischen Vermächtnisse geschaffen hat, in Kindern und Kindeskindern verewigen.
Zu diesem Durchblick, den das Leben schenkt, gehört das Wissen, daß man dunkle Anzüge am besten mit in Kaffee getauchten Kleiderbürsten reinigt (ich muß dabei immer an meine Oma denken!) oder daß ein junger Mann sich erst die Mutter anschauen sollte, bevor er die Tochter heiratet.
Der Weisheiten sind viele, sie werden meist abgelehnt, aber setzen sich im Unterbewußten fest wie eine Zecke und werden in späteren Jahren als eigene Erkenntnis weitergegeben.
Trifft nun aber ein auf das Weitergeben von Weisheiten und nicht auf die Aufnahme derselben progammierter Golfaspirant der späten Jahre auf einen Pro, dann ist alles anders.

Wenn Sie als Spätberufener die ersten Grasnarben oder Kunststoffmatten gequält oder vielleicht schon einige Bälle mehr nach rechts und nach links als gerade geschlagen haben, dann sehen Sie voll Bewunderung zu den Menschen auf, die mit spielerischer Eleganz ganz lässig die 150 Meter-Markierung überspielen. Und wem das am tollsten gelingt, das ist der Pro.

Pro kommt nicht von Problem, obwohl Sie für ihn oder er für Sie vielleicht eins werden könnten. Es kommt von Profi. Er verdient nun mal seinen Lebensunterhalt damit, daß er Sie fast am ganzen Körper betatschen darf. Schließlich muß er Ihnen ja zeigen, welche Fasern Ihrer Muskeln und Sehnen gerade wieder etwas beim Schlag nach dem Ball falsch gemacht haben. Der gute Pro weiß aber auch beim Betatschen, wie weit er gehen darf. Je jünger die Schülerin, desto weiter geht er. Manchmal sogar bis zum Standesamt.

Ein guter Pro ist aber auch ein hervorragender Do-it-yourself-Psychologe. Er lobt, wo es nichts zu loben gibt. Er verspricht Besserung von Stunde zu Stunde, obwohl der Seiteneinsteiger fühlt, daß alles leere Versprechungen sind.

Der Pro glaubt an das Gute im Menschen, selbst wenn die letzten Stunden noch nicht bezahlt sind.

Der Pro ist trotz vielleicht großer gesellschaftlicher

oder familiärer Probleme des Schülers der Mann oder die Frau (dann heißt sie übrigens Proette), um die sich im Wachen und Träumen alles dreht. Der Pro wird gefürchtet und geliebt. Ihm mit einem perfekten Schlag eine Freude zu machen, ist wichtiger, als ihm ein schönes Trinkgeld zu geben. Der Pro ist der liebe Gott, zumindest so lange, bis er die Platzfreigabe erteilt hat.

Merke aber: Der Pro wird immer besser sein als Sie. Zumindest auf dem Golfplatz.

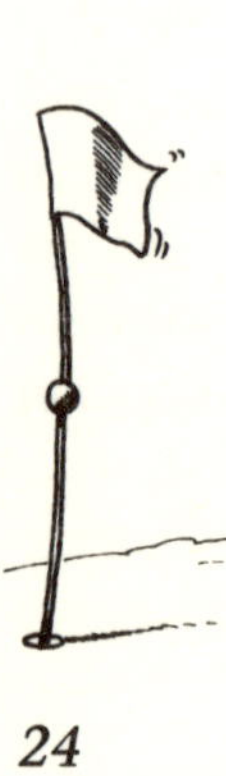

Der Mensch lebt nicht vom Golf allein.

(Altes Testament)

Die Kraft der Gedanken

Wenn Sie bisher mit esoterischem Kram nichts am Hut gehabt haben, wird Sie das erdgebundene Golfspiel eines Besseren belehren. Jetzt endlich können Sie nachvollziehen und glauben, daß Jesus kraft seiner Gedanken aus Wasser Wein und aus Steinen Brot gemacht hat. Sie erfahren nun golfspielenderweise am eigenen Leibe, wie Gedanken Berge versetzen können.

Na gut, nicht ganze Berge. Aber ein Beispiel, das Sie selbst bestimmt schon erlebt haben: Sie sehen seitlich zum Fairway einen Spazierweg. Leute schlendern dort. Eigentlich stört Sie das nicht. Im Gegenteil, Sie freuen sich, daß auch andere Menschen in den Genuß des Anblickes plattgewalzter Grüns und herrlicher Fairways kommen. Sie sehen frohgemut hin und denken: „Na, die werd' ich schon nicht treffen, das ist ja eine ganz andere Richtung!" Und was passiert? Ihr kleiner Ball hebt dem Birkenstocker beinah den Tirolerhut von der Glatze.

Wenn Sie später an der Club-Bar von Ihrem seltsamen Erlebnis erzählen, erfahren Sie, daß solche

Geschichten und Erlebnisse so alltäglich wie Spiegeleier mit Bratkartoffeln bei Ihnen zu Hause sind. Es handelt sich nicht um Geschichten aus des Golfers Wunderland, sondern um die Wahrheit und nichts als die reine Wahrheit.

Besonders mystische Kraft scheint dem Wasser innezuwohnen, sei es seitliches, frontales oder zeitweiliges. Ein Gedanke genügt, und schon liegt der Ball drin. Denken Sie bloß nicht vor dem zwei Meter entfernten Bunker: „Über den komm' ich leicht weg." Sollten Sie ihn nicht direkt getroffen haben, so rollt Ihr Ball beim nächsten Schlag, genannt „Annäherung", freundlicherweise bestimmt hinein.
Bei der Analyse von Gedanken, die sich verwirklichen, sobald sie zu Ende gedacht sind, fällt auf, daß es sich stets um negativ besetzte Gedanken handelt.

Beispiele: Ich will *nicht* im Bunker landen.
Ich will *nicht* über das Green hinausspielen.
Ich will den vor mir spielenden Flight *nicht* in die Kniekehlen treffen.
In Sekundenbruchteilen tritt genau das ein, was Sie nicht wollten!
Wenn Sie nach dieser Erkenntnis Ihre Gedanken positiv formulieren: „Ich will den See treffen, ich will im Rough landen", dann passiert das auch! Es ist wirklich ein Wunder wie aus dem Schatzkästlein der Hildegard von Bingen.
Gedanken und Wille zeigen allerdings wenig Wirkung, wenn Sie denken: „Ich will tot neben der Fahne liegen."
Aber vielleicht ist das auch gut so…

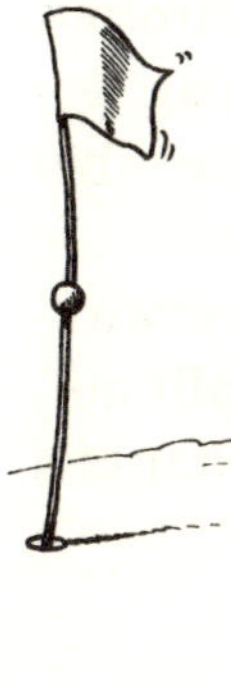

**Es lächelt der See,
er ladet zum Bade,
den Golfball. Schade!**

(Schiller)

Die Etikette

Die meisten Golfer kennen Etikette nur von Weinflaschen. Aber glauben Sie nicht, daß das Beherrschen der Etikette nur einem Winzer vorbehalten ist. Etikette hat auch was mit Benimm zu tun.
Vor nicht allzu langer Zeit wurden bestimmte Wörter weder ausgesprochen noch gedruckt. Kindern, die diese Wörter aus dem Kindergarten heimbrachten, erklärte man erschrocken, daß es sich hierbei um „schlimme“ oder „ganz, ganz böse“ Wörter handelt, die man nicht in den lieben, kleinen Mund nehmen darf.
Heute haben sich die Zeiten geändert. Sogar auf dem Golfplatz. Da entfleucht der piekfeinen Lady schon mal ein gediegenes „Scheiße“, wenn der kleine wunderliche Ball statt auf das satte Grün ins Wasser oder in die Pampas abdüst…
Und in so einem Fall gehört es zur Etikette, diesen menschlich verständlichen Ausrutscher Ihrer gestreßten Mitspielerin geflissentlich zu überhören.
Was sonst noch zur Golf-Etikette gehört?
Beispiel: Ihr verhexter Ball bleibt zum dritten Mal in einer Runde wie mit Pattex angeklebt am

Lochrand liegen. Jetzt sollten Sie das Loch, das Sie vor Wut mit dem Putter in das gepflegte Green geschlagen haben, äußerst sorgfältig ausbessern. Für was haben Sie sonst die niedlichen Golfgabeln?
Zwar ist es keine Regel des Royal and Ancient Golf Club of St. Andrews, aber Leute, die auf Etikette halten, legen Divots dahin zurück, wo sie herkommen. Divots sind im übrigen kleine Rasenstücke, die man feinsäuberlich mit dem Eisen aus dem Rasen schneidet. Fragt sich: Warum erst rausschneiden und dann wieder reinlegen? Das fragen sich die meisten Golfer, denn die wenigsten Divots liegen da, wo sie einmal gegrünt haben. Also, machen Sie es, wie Sie wollen. Am besten toppen Sie Ihren Ball wie immer, dann bekommen Sie auch keine Probleme mit kleinen grünen Rasenstücken und Leuten, die glauben, Sie wüßten nicht, wie man sich auf einem Golfplatz benimmt.
Zur Etikette gehört es auch, den verlorenen Ball Ihres Mitspielers im abgelegensten Naturbiotop zu suchen. Und wenn anzunehmen ist, daß die gemeinsame Fahndung etwas länger dauert, parkieren Sie die Golfbags mitten auf dem Fairway. Dann können die ahnungslosen Nachfolger leicht erkennen, daß Sie noch ein halbes Stündchen suchen wollen. Sollte die Suche sich allerdings noch mehr verzögern, können Sie auch so großzügig sein und die hinter Ihnen Wartenden durch-

spielen lassen. Das gibt Ihnen das zufriedene Pfadfindergefühl: Jeden Tag eine gute Tat! Aber natürlich lassen Sie nur durchspielen, wenn Sie sicher sind, daß Sie nicht gleich wieder auf die huldvoll Durchgewunkenen aufspielen.
Es gehört sich auch, sich sehr herzlich zu bedanken, wenn man Sie hat durchspielen lassen. Vielleicht können Sie ja nach einem kleinen Schwätzchen eine Verabredung für nachher an der Clubhausbar treffen. Nachfolgende Spieler haben dafür allemal Verständnis. Golf ist ja ein Sport mit gesellschaftlichem Aspekt.
Und machen Sie sich nur keine Gedanken, daß Sie eventuell einen Stau verursacht haben. Die Spieler sind alle in der traumhaftesten Umgebung, sie haben Freizeit und sollten froh sein, daß Sie ihnen Gelegenheit geben, die heimische Fauna und Flora am Wegesrand eingehend zu bewundern.
Zur Etikette gehört auch, daß Sie die für Hundebesitzer reservierten Schattenparkplätze nur im alleräußersten Notfall belegen. Also höchstens wenn Sie zum Beispiel frischen Fisch oder eine Sahnetorte im Auto haben.
Bei der perfekten Kleidung gibt es auch gewisse ungeschriebene Gesetze. Sie können sie aber leicht an den anderen Spielern ablesen. Je schlanker und wohlgebauter Sie sind, desto mehr sollten Sie sich verhüllen, um die anderen nicht vom

konzentrierten Spiel abzulenken. Wenn Sie älter und auch dicker sind, können Sie ruhig Turnhosen anziehen, wenn es heiß ist, oder im Top ohne BH spielen. Da schaut sowieso keiner hin. Alles in allem gilt für die Etikette frei nach dem großen deutschen Philosophen Immanuel Kant: „Handle stets so, daß die Maxime Deines Golfspiels jederzeit zugleich als Prinzip einer allgemeinen Clubregel gelten könnte."

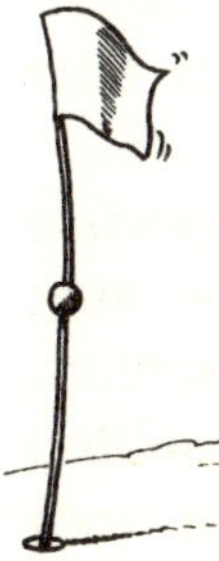

Es ist nicht alles Golf, was glänzt.

(deutsches Sprichwort)

Dein Ball, das unbekannte Wesen

Im Gegensatz zu allen anderen Bällen bietet der kleine, vielfach eingedellte Golfball einen nicht zu unterschätzenden Vorteil. Er muß ganz ruhig liegen, bevor er mit Hilfe des Golfschlägers auf seine Reise durch die Lüfte befördert werden darf. Wer je einem Tennis-, Fuß-, Feder-, Wasser- oder sonstigem Ball hinterher gehetzt ist, wird dies zu schätzen wissen. Zumal, wenn er den Zenit seiner körperlichen Leistungsfähigkeit, aber nicht die noch erhofften Höhepunkte seines Lebens überschritten hat.

Eigentlich könnte alles so schön sein: Der Ball liegt ruhig, rund und glänzend auf sattem, feinem Golfrasen. Da dürfte es doch keine Schwierigkeit bereiten, diese Kugel auf die ballistische Flugbahn zu bringen, die ihn wunschgemäß möglichst nahe zur jupiterfernen Fahne trägt. Sollte man meinen und meinen auch alle, die noch nicht wissen, daß das Seelenleben einen Golfballes so unberechenbar wie Waigels Steuerpläne ist.

Ja, jeder Golfball hat seine eigene, sensible, aufmüpfige, renitente oder auch mitfühlende Seele.

Allen gemeinsam ist, daß sie sich nicht gerne schlagen lassen. Aber wer läßt das schon gerne. Jeder weicht dem Schläger aus, auch wenn es aussieht, als läge er entspannt wie ein Manager auf der Massagebank ruhig auf der Wiese. Und das, obwohl es ja doch sein Lebenssinn als Golfball sein müßte, sich schlagen zu lassen.

Wie er es auch immer anstellt, sich von Ihnen toppen zu lassen, ist sein Geheimnis. Er fliegt dann zwar nicht weit und muß sich gleich wieder toppen lassen. Wahrscheinlich aber arbeitet er mit der Zermürbungstaktik. Beim nächsten Schlag legt er sich so, daß Sie ihn „dünn" treffen. Das tut Ihren Händen und Ihrer empfindsamen Seele weh, denn der verflixte Ball fliegt wieder nicht so, wie Sie das bei Nick Faldo gesehen haben.

Bevor nun der totale Haß ausbricht und Ihr Hals immer dicker wird, ist jetzt der Zeitpunkt gekommen, an dem Sie ernsthaft mit dem Ball diskutieren müssen. Sie müssen ihm klarmachen, daß er, wenn er beim nächsten Schlag nicht ordentlich fliegt, für immer im dunklen, feuchten Golfsack verschwindet. Jetzt zeigt sich, welchen Charakter Ihr Ball hat.

Im allgemeinen sind Golfbälle ziemlich kindisch, sie spielen liebend gerne im Sandkasten, und Baden gehört zu ihren großen Leidenschaften. Je nachdem, wie nun die Psyche Ihres Balles gepolt ist, wird er beim nächsten Schlag entweder diese besagten Plätze aufsuchen oder zum Aussteiger und verabschiedet sich auf Nimmerwiedersehen in die Pampa. (Wenn er Ihnen drei Tage später im

Pro-Shop wieder zum Kauf angeboten wird, sollten Sie sich ihm ernsthaft verweigern.) Im anderen Fall aber fliegt er heuchlerisch in Richtung Fahne. Ihr Herz macht einen Freudensprung.
Da liegt er nun niedlich wie im Osternestchen und braucht nur noch einen Chip, um in das an-

gepeilte Loch zu plumpsen. Sie schlagen den kleinen, weißen, gelben oder pinkfarbenen Ball schul-, wenn nicht gar profimäßig. Und es ist nicht herauszufinden, welcher Teufel das runde Ding reitet, er entwickelt sich zum Querschläger, trifft beinahe Ihre Golfliebste und liegt weiter hinten als vorher.

Wenn Sie es nun endlich geschafft haben, den Ball auf das Green zu manövrieren, kommt der letzte Schlag, ein leichter Putt. Und wenn sich dieser kleine neurotische Fiesling nun aus 60 Zentimeter Entfernung neben das Loch schieben läßt, können Sie ihn wirklich dreckig lachen hören.

Das sind die esoterischen Stunden im Golferleben, in denen man erfährt: Auch in den toten Dingen lebt eine Seele. Und wenn es nur die eines kleinen Ballteufels ist.

Obrigkeit,
bedenk dich recht:
Golf ist dein Herr
und du sein Knecht.

(deutscher Reimspruch)

Die Platzfreigabe

Eine der letzten großen Herausforderungen im Leben eines erfolgreichen Mannes ist das Erreichen der Platzfreigabe.
Wie sich aus dem Wort unschwer erkennen läßt, bedeutet Platzfreigabe, ohne Aufsicht und Kontrolle eines Pros auf den Golfplatz gehen, seine Schläger mitnehmen und richtig echt auf den Ball schlagen zu dürfen. Und dies zum Zwecke des Versenkens desselben in ein kleines Loch am Ende einer kilometerlangen Wegstrecke, die man als Fairway bezeichnet. Eine Entfernung, die man ohne das unvernünftige Verfolgen eines kleinen unschuldigen Balles niemals freiwillig zurücklegen würde.
Der spätberufene Golfaspirant, dessen Leben bisher eine steile Erfolgskurve verschönt, ist daran gewöhnt, daß man ihm, wo immer er hinkommt, geflissentlich den Platz freigibt. Darum ist es für ihn ein regelrechter Affront, daß er den Golfplatz nur in Begleitung eines Golflehrers betreten darf.
Er ist in der Hand dieses unreifen, in gewisser Wei-

se zukunftslosen – denn was wird aus ihm, wenn er mal älter ist? – Jünglings. Vom Ja oder Nein dieses Menschen hängt es ab, ob er, der Supermanager, das geheiligte Grün der Fairways betreten darf, ob er die Füße auf den plüschigen Samt des Greens setzen oder sich die Beine im Dornengestrüpp des Roughs verkratzen lassen darf. Und das, wo er sich den Golfplatz doch einfach kaufen könnte.

Diese Abhängigkeit, die sich weder durch Bakschisch noch gute Worte umdrehen läßt, ist wirklich irritierend. Und wie bitter wird es erst, wenn die anderen, die mit ihm zusammen den Schnupperkurs abgelegt haben, vor ihm die Platzfreigabe erhalten. Sogar unsportliche Frauen, die nur zum Zwecke des Männerfangs und der Sicherung ihrer Altersversorgung mit dem Golfen angefangen haben, dürfen schon auf den Platz der Plätze. Nur er nicht, er, der immer alles im ersten Anlauf erreicht hat. Und der, wenn es mal nicht mit dem Antippen der „Enter"-Taste klappte, eben nachgeholfen hat. Hier kann er seine Sekretärin nicht beauftragen, „die Sache in Ordnung zu bringen". Er muß und wird warten, bis er eben die „Platzreife" erlangt, wie es sich gehört und wie es bei dem jeweiligen Golfclub üblich ist.

Auch das ist so ein Punkt, der dem Golfspiel den Ruf eingebracht hat, es erziehe die Menschen zur

Demut. Auf jeden Fall holt es den einen oder anderen von seinem Sockel.

Übrigens: Frauen kommen oft schneller zur Platzfreigabe, weil ihnen die totale Hingabe an den Sport und/oder an dessen Lehrer wesentlich leichter fällt.

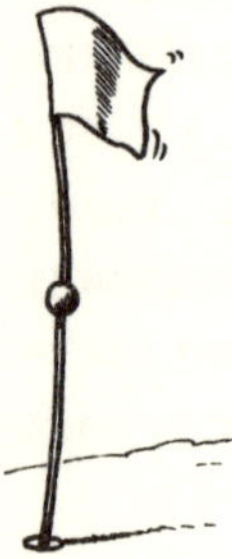

Es ist noch kein Golfer vom Himmel gefallen.

(deutsches Sprichwort)

So weit die Füße tragen

Golf gehört zu den Wandersportarten. Denn ohne sich auf seinen zwei Beinen fortzubewegen, geht bei Golf gar nichts. Zumindet nicht in der EU und den angrenzenden Ländern. In den USA ist das total anders. Dort wird man zum Fahren in Buggies regelrecht gezwungen, sei es wegen Alligatoren oder der Bilanz der Clubkasse. Aber von dem Land der begrenzten Möglichkeiten kommt ja auch der Fortschritt. Wir dagegen schreiten oder, besser, wandern. Dies ist für den Golfus Europaeinensis eine Conditio sine qua non. Und Kondition braucht man nun mal, auch als Spätberufener. Fußkranke also sollten es gar nicht erst mit dieser Blasen, Senk- und Spreizfuß schaffenden Körperertüchtigung versuchen. Diese Fortbewegung, die sich allein durch die modische Golfkleidung und das Mitführen eigenartiger Werkzeuge vom normalen Gehen unterscheidet, kann gemächlich, rasch, flott, zügig oder schleppend vonstatten gehen. Beim Golf resultiert daraus je nachdem Freud oder Leid der Mit-, Vor- oder Nachspieler oder das ganz persönliche Hoch-, Tief- oder Glücksgefühl…

Das Wandern auf den grünen Auen in herrlichem Ambiente wird zum besonderen Erlebnis für den spätberufenen Golfer und seine Füße. Speziell für die Füße, die in den letzten 20 Jahren lediglich die übliche Gas- und Bremspedalgymnastik betrieben haben. Daß Mitspieler ohne Automatikgetriebe einen winzigen Vorteil haben, sollte Sie nicht stören. Erst die Herausforderung an alle bisher weniger beachteten und in Anspruch genommenen Körperteile macht den Sport ja so interessant.
Zunächst erleben die Füße ein wochen- oder monatelanges Stehen auf der Drivingrange. Das heißt, als Stehen kann man das wohl nicht bezeichnen. Die Beine werden dort ausgewrungen, als wären sie Kochwäsche. Der linke Fuß wird dabei eingeknickt, bis man auf dem Knöchel schwebt, und den rechten Fuß treibt es auf die Spitze. Spiegelverkehrt gilt das gleiche natürlich für Linkshänder bzw. -beiner. Die Knie wissen nicht, was sie tun, und der ganze Körper wundert sich, daß er weder im Ricaro- noch im Clubsessel sitzt und, ganz allein auf sich gestellt, aufrecht zu bleiben hat. Manchmal wehrt sich der in seinen späten Jahren so zu Verrenkungen gezwungene Body mit einem niedlichen kleinen Hexenschuß oder einem steifen Genick. Dies ist die Vorwarnung, es ja nicht zu übertreiben, denn am Ende sitzt der Körper doch am längeren Schmerzhebel.

Aber wie das nun mal bei den Menschen ist, wenn sie ein Ziel wie z.B. die Platzfreigabe vor Augen haben, da kennt auch ein europäischer Indianer keinen Schmerz. Und die Masseure sowie die Rezepte schreibenden Orthopäden sind zufrieden.
Wenn die große Stunde – meist zieht sie sich über vier bis sechs Stunden hin – der ersten Runde über 18 Loch geschlagen hat, dann wundern sich die Füße des Neugolfers noch mehr. Und er hat recht daran getan, daß er sich seit acht Tagen die Fußnägel nicht geschnitten und die Golfschuhe nach modischen und nicht bequemen Gesichtspunkten ausgewählt hat. Nur dann hat er Gelegenheit zu erfühlen, daß er lebt, und zwar vom coolen Kopf bis in die glühenden Zehenspitzen.
Nach etwa sechs Loch weiß man/frau nicht mehr, ob er/sie sich am besten x- oder o-beinig dem 19. Loch nähern oder auf allen vieren hinkriechen soll. Nach dem zehnten Loch werden die Blasen gezählt, und die Knie zittern wie Lametta am Weihnachtsbaum. Wer sich selbst in dieser schmerzlichen Lage Golf schönreden will, bezeichnet die Qual seiner Füße einfach als Reflexzonentherapie. Stellt sich die Frage, ob es unfein ist, barfuß im Clubhaus einzulaufen. Fein oder nicht fein, was zählt ist das eigene Wohlbefinden… Das sollte auch ein eitler Golfer nie vergessen.

Ja, das ist das Schöne am Golfen, man lernt seinen Organismus mit allem, was dazu gehört, wieder kennen und auch schätzen. Und man merkt, daß vor Golf alle Menschen gleich sind. Man lernt, daß Blasen, Hühneraugen, Senk- und Spreizfüße auch die Reichen und die Schönen plagen.

Große Golfer dulden still.

(Schiller)

Nur nicht nervös werden

Seit Menschengedenken wird um das „erste Mal“ ein Riesengedöns gemacht. Mädchen kichern und tuscheln mit älteren, erfahreneren Freundinnen darüber, Jungs schauen sich „schmutzige“ Heftchen an, Eltern stammeln rum, Lehrer verweisen die Kids aufs Biologiebuch, auf Farne und Bienen, und im Fernsehen hat man jede Menge Anschauungsmaterial.

Genauso spannend, aufregend und geheimnisvoll ist für einen Golfneuling das erste Turnier. Nur daß es zu diesem Thema überhaupt keine Aufklärung gibt. Der Pro sagt: „Machen Sie sich keine Gedanken, das klappt schon!“ Die Freunde berichten hinterher von durchfeierten Nächten, weil Sie endlich Handicap 36 durchgedrückt haben. Aber was man vorher tun und lassen soll, das verrät einem keiner. Dabei ist es so einfach, das erste Golfturnier mit Anstand und erfolgreich hinter sich zu bringen, genau wie die erste Liebesnacht. Hier ein paar wirklich hilfreiche Tips:

Aufregung gehört dazu wie Zucker in den Kaffee. Wenn Sie nicht schlafen können, schütten Sie sich

ein paar ordentliche Bierchen oder Gläser Rotwein rein, dann träumen Sie wie ein Murmeltier und bestimmt nicht vom Golfen. Sollte ein schwarzes Krallentier Ihr Gehirn am Morgen danach aus der Schale drücken wollen, dann spülen Sie es mit einer Kanne starkem Kaffee in den Orkus. Etwaiges Zittern der Hände bekämpfen Sie auf dem Golfplatz nach Schützenmanier mit ein bis zwei (aber nicht mehr) Glas Burgunder oder Williamsbirne. Auch ein Whisky zeigt gute Wirkung, schließlich handelt es sich bei Golf ja auch um einen britischen Sport.
Lassen Sie sich keinesfalls von der allgemeinen Nervosität anstecken, wenn die anderen auf der Drivingrange schwitzend die Bälle klopfen. Schonen Sie die Range, den Übungsbunker, das Puttinggreen und Ihre Kräfte. Es ist wie bei einer Klassenarbeit, was Sie jetzt noch nicht können, lernen Sie nun auch nicht mehr. Und Spickzettel helfen beim Turnier selbstredend nichts.
Belasten Sie sich nicht unnötig mit Regenklamotten, Schirm, Hut und einem zweiten Handschuh. Bei Wettkämpfen hat es einfach nicht zu regnen. Und wenn doch, dann ist Nässe, die durch und durch kriecht, der richtige Ansporn für ein sportliches „Jetzt erst recht!“
Aber vielleicht sollten Sie sich für die Partie neue Schuhe anschaffen. Neue Spikes geben sicheren

Halt. Und Blasen stören keinen großen Geist, denn ein Golfer kennt keinen Schmerz.
Begeben Sie sich frühzeitig an den Start, dann können Sie in aller Ruhe beobachten, daß die anderen auch nur mit Wasser kochen. Prägen Sie sich gut ein, welches die häufigsten Fehler sind, damit sie Ihnen dann nicht passieren.
Wenn der Starter Sie aufgerufen hat, gehen Sie gleich zu ihm hin. Den Mitspielern brauchen Sie sich nicht extra vorzustellen, die lernen Sie sowieso in den nächsten sechs Stunden gut kennen. Entschuldigen Sie sich in der Gruppe gleich zu Anfang, daß Sie noch nicht so gut spielen und man möge Nachsicht mit Ihnen üben. Je nachdem, wie Ihr erster Schlag dann ausfällt, lassen Sie sich als „Handicapschinder" loben oder seufzen Sie: „Ich hab's ja gleich gesagt!" Das erzeugt eine milde, mitleidige Stimmung und ist gut für Ihren Score.
Spätestens nach den ersten vier Löchern sollten Ihre Mitspieler über Ihre berufliche Situation und Ihre Vermögensverhältnisse Bescheid wissen. Sollten die anderen mit ihren privaten Dingen hinterm Berg halten, fragen Sie sie ruhig aus. Man will ja schließlich wissen, mit wem man es zu tun hat.
Klar, daß Sie Fragen erst nach Ihren jeweiligen Schlägen stellen. Es trägt allerdings zur allgemei-

nen Entspannung auch bei, wenn man sich, während ein Mitspieler seinen Ball anspricht, leise mit seinem Nachbarn über Kinderzahl, Abiturnoten oder die Anzahl der BMWs, die man sein eigen nennt, unterhält. Den anderen Spieler entkrampft ein derart lässiger Small talk.
Übrigens sollten Sie Ihrem Zähler vor Beginn der Runde unbedingt mitteilen, daß Sie heute die 36 spielen wollen und daß er doch bitte nicht pingelig sein soll. Schließlich haben Sie die 36 schon mehrere Male auf der privaten Runde gespielt.
Bei Pausen entschuldigen Sie sich nochmals höflich für all Ihre Fehlschläge und analysieren Sie sie ausführlich mit Hilfe Ihrer Spielgefährten. Ein Turnier ist schließlich ein Gruppenerlebnis, und Fehlschläge macht jeder noch so gute Spieler mal.
Aber auch Sie sollten Ihre gnadenlos unbegabten Mitspieler laut und liebevoll einsülzen, wenn ein Schlag mal nicht so gelungen ist: „Davon geht die Welt nicht unter." Oder:
„Ein Glück, daß Sie damit nicht Ihren Lebensunterhalt bestreiten müssen!"
„Beim nächsten Schlag wird alles besser..."
„Lassen Sie einfach mal den Kopf unten!"
„Ohne slice kein Preis!"
Beliebt und sehr effektiv sind auch Sätze wie:
„Machen Sie den Schlag zu Ende!"

„Ich würde Ihnen empfehlen, den Schläger lockerer zu halten."
„Jetzt wollten Sie sicher mit einem Schlag auf dem Green sein, so haben Sie gedroschen. Stimmt's?"
Jeder wird diese Aufmunterungen im Wettbewerb sehr gerne in Anspruch nehmen. Sie dürfen auch verraten, welchen Schläger Sie jeweils benutzt haben.
Ist nach langen, aufregenden, beglückenden und wegen der widrigen Umstände, die sich gegen Sie persönlich verschworen haben, nicht so ganz erfolgreichen Stunden das Turnier endlich zu Ende, verabschieden Sie sich schnell und unsentimental von Ihren Mitstreitern. Holen Sie sich Trost bei Ihren alten Freunden an der Club-Bar.
Übrigens: Sollten Sie den Bubbi-Preis bekommen, seien Sie stolz darauf, den hat nicht jeder.

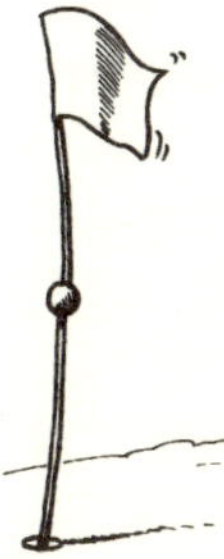

Ist der Score erst ruiniert, golft's sich völlig ungeniert.

(deutsches Sprichwort)

Die nachfolgenden Flights verschieben sich um zehn Minuten

Wenn ein Mensch sich in aller Öffentlichkeit verdreht, verrenkt und windet, als würde er die 69 Liebesstellungen aus dem Kamasutra üben,...
wenn er versucht, sich auf den glitschigen Rand einer imaginären Klobrille zu hocken und auf halbem Weg erstarrt,...
wenn er den bleistiftdünnen Griff seines Golfschlägers zu würgen versucht,...
wenn er auf den Zehenspitzen wippt wie eine Bachstelze im Liebestaumel,...
wenn er von einem Fuß zum anderen schwankt, als hätte er ein Bierchen zuviel,...
dann, ja dann steht dieser angeturnte Mensch auf einem Abschlag und ist im Begriff, denselben möglichst mediengerecht zu machen.
Der Abschlag (auch das Tee genannt) ist der Ort, wo das zu spielende Loch beginnt. Es ist die Stelle, von der der erste spielentscheidende Schlag auf den Ball gemacht wird. Dieser Schlag wird übrigens *auch* „Abschlag“ genannt. Aber wir beschäftigen uns jetzt hier mit dem geheiligten Stückchen Rasen, von dem aus der s.o. gemacht wird. Dieses

Stück Grünfläche unterschiedlicher Größe muß geschont werden. Darum darf der Ball auch nur zwischen den farbigen Kugeln, Klötzen oder Markierungen und nirgendwo anders weggeschlagen werden. Seien Sie aber Ihren Mitspielern gegenüber großzügig. Wenn diese es vorziehen, vor der Markierung ihren Ball auf das Tee zu setzen, dann ist das ihre Sache. Die Regeln, ob man hier nun zwei Strafpunkte für dieses unbotmäßige Fehlverhalten bekommt oder nicht, sind so kompliziert, daß Sie sich erst gar nicht darum kümmern sollten.

Wenn Ihr Mitspieler nervig wie ein Zitterrochen den Ball vom Tee stupst, können Sie ruhig „Erster Schlag!" sagen, denn alle wissen ja, daß Sie einen streßabbauenden Scherz machen nach der Regel: ohne Absicht kein Schlag.

Auf dem Abschlag gehört es zur Etikette, daß man hier mehrere elegante Probeschwünge macht. Jetzt schreiten Sie gemächlich zu Ihrem auf dem kleinen handgeschnitzten Holztee postierten Ball und damit zur über Sein oder Nichtsein entscheidenden Tat. Noch einmal werden die servolenkungverspannten Schultern gelockert, es wird mit den Füßen getrippelt, auf die Zehenspitzen gewippt, der Kopf in eine leicht verkrampfte Haltung gebracht, der Hintern keß rausgestreckt. Kurz: Die gesamte Figur wird aus einer lockeren

natürlichen Lage in eine für Zuschauer nicht nachvollziehbare akrobatische Form verrenkt. Die Zeremonien vor dem Abschlag auf dem Abschlag sind so mannigfaltig, kurios und bemerkenswert wie die gesamte Menschheit.

Je länger Ihre rituellen Handlungen auf dem Tee dauern, um so mehr erfreuen Sie die wartenden Zuschauer. Wenn die notwendigen Präluminarien abgeschlossen sind, kann der erste Ball auf den Weg, in die Luft, in den Wald oder eine der üblichen Raketenumlaufbahnen gebracht werden.

Die ungeduldig geduldig auf ihren eigenen Abschlag harrenden Golfer stellen jetzt ihre Unterhaltung ein. Denn es gibt Spieler, die gestört werden, wenn sie beim Abschlagen das Gras wachsen hören.

Dann also erfolgt unter den neugierigen Blicken der Umstehenden, die warten, als seien sie die Erfinder des Sekundentakts, der erste, alles entscheidende Hammerschlag. Entweder fliegt die aufgeblasene Mottenkugel sensationell weit und geradeaus. Dann verbeugen Sie sich beifallheischend vor den Wartenden. Oder die verkappte Murmel macht einen kleinen kurzen Hoppler, rollt aus und bleibt hinter dem Damenabschlag liegen. Das hat zur fatalen Folge, daß alle Zuschauer begeistert „Prost“ oder „Lady“ (siehe „Dame“) schreien. Gewiefte Spieler erklären den

mißglückten Ball flugs zum Mulligan und beginnen hemmungslos wie ein Hardliner noch einmal von vorne. (Die nachfolgenden Flights verschieben sich um 15 Minuten.) Sie schlagen jetzt voll auf das Geschoß und verlassen majestätisch, egal, wo es zu landen geruht, den Abschlag. Ihre Runde ist eröffnet.
Abergläubische Spieler sind der Überzeugung, der erste Abschlag sei für die ganze Runde entscheidend. Optimisten glauben das zwar auch, aber sie kämpfen 18 Loch lang mutig dagegen an. Nach einer „Lady" sollte man aber eigentlich gleich einpacken, im Clubhaus die Runde an seine Mitspieler ausgeben und den Rest des Tages ohne Golf genießen .
Nach dem ersten Abschlag folgen übrigens noch 17 weitere Abschläge.

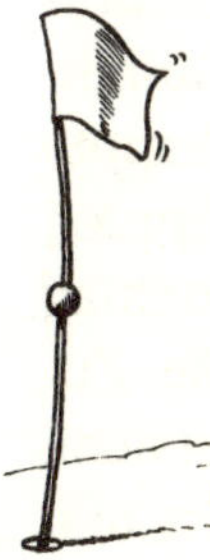

Man soll sein Golf nicht vor dem letzten Loche loben.

(deutsches Sprichwort)

Von Kopf bis Fuß auf Golf gestylt

Kleider machen Leute und erst recht Golfer. Golf könnte man zwar in jedem x-beliebigen Outfit – ob im Bikini oder Designerfummel – spielen. Für diesen Sport (als Sport betrachtet) ist die Klamottenfrage zweitrangig, nicht wie etwa beim Eishockey oder beim Rennrodeln. Aber wer nicht den richtigen Golfdreß trägt, wird auch nicht als Golfer identifiziert. Niemand würde merken, daß es nobles Golf und nicht Seilhüpfen ist, mit dem man sich Zeit und Geld vertreibt. So heißt es auch für den statusbewußten Spätgolfer: ab in den aktuellen In-Golfshop. Decken Sie sich mit der notwendigen Software ein.

Wer oder was Sie auch immer in Ihrem nicht mehr zartjugendlichen Alter dazu veranlaßt hat, wider besseres Wissen dem Bund der Golfer beizutreten, jetzt müssen Sie die Konsequenzen tragen. Sie müssen viel tun und einiges lassen, damit Sie nicht auf den ersten Blick als Seiteneinsteiger zu erkennen sind. Und dafür müssen Sie löhnen.

Karierte Hose und weißes Sonnenschild mit aufgedruckter Werbung Ihrer Golfzeitschrift ma-

chen beileibe noch keinen Golfer aus Ihnen. Es sind die ultimativ aussagekräftigen Details, auf die es ankommt. Auf allen, den Kontrollblicken der Öffentlichkeit zugänglichen Körper- und sonstigen Flächen sollten Lables und Abzeichen berühmter (und teurer) Clubs und Firmennamen prangen. Schlüsselanhänger in Golfballform, Armbänder, Uhren und Täschchen müssen von Cartier, Tiffany oder Bulgari stammen. Als Golfschuhe kommen nur thermostabile, handgenähte Exemplare aus Schottland in Frage. Lifestylegemäß stammen Ihre Gürtel von den feinsten Täschnern Italiens.

Am besten setzen Sie sich, wenn Sie in der Frage des richtigen Outfits noch etwas unsicher sind, an einem schönen Sommernachmittag auf Ihre Clubterrasse. Hier können Sie die aktuelle Kleiderordnung der oberen Millionen studieren. Merken Sie sich ganz genau, was „man“ so trägt: Brillenmarken, Strohhüte, Schminktäschchen, Pfeifenetuis, Gürtel, Hosen, Pullunder, Polohemden, kurz alles, was die VIPs zur Schau stellen.

Sie entdecken vielleicht, daß in Ihrem Club Pastellfarben so tabu sind wie ein weiteres Stück Pflaumenkuchen. Sie können nachvollziehen, daß Sie mit naturfarbenem Strohhut in die Reihe der wildgewordenen Schrebergärtner eingeordnet werden und daß schwarze Seidenhemden, ebensolche Bermudas und Goldkettchen nur einer ganz bestimmten Geldklasse vorbehalten sind. Wenn Sie kein gutes Gedächtnis für derlei Äußeres haben, machen Sie einfach ein paar Fotos von der

Clubterrasse. Die können Sie dann mit Hilfe Ihrer Lieben genau analysieren und sich aussuchen, womit Sie sich zum „Altgolfer" verkleiden wollen.
Wenn Sie zufällig in der City Ihr pinkfarbenes Polohemd bei C&A entdecken oder die Bermudas im McDonald-Karo, die fast eine Uniform und ein Muß auf der Clubterrasse sind, bei Karstadt im Schaufenster prangen, dann ärgern Sie sich nicht. Auch wenn die Teile dort um die Hälfte billiger sind. Sie haben sich schließlich standesgemäß im Pro-Shop eingekleidet.
Darauf kommt's an.

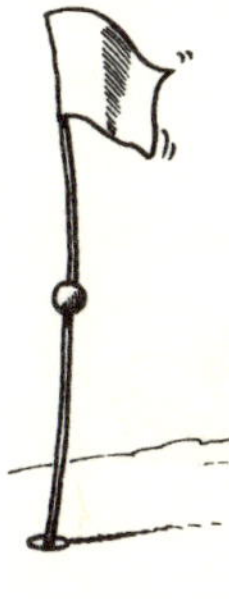

Kleider machen Golfer.

(Gottfried Keller)

Die Sache mit der Vorgabe

„Vorgabe" ist zunächst einmal die simple deutsche Übersetzung für das schöne Wörtchen „Handicap". Daß dieses Wort andauernd im Munde der Leute ist, die von nichts anderem mehr reden als vom Golf, hat weiter keine tiefere Bedeutung. Laut Langenscheidt Wörterbuch: „Englisch – Deutsch" heißt Handicap „Behinderung". Also, wenn einem etwas fehlt, eine Hand etwa oder ein bißchen IQ. Für Sie als spätberufenen Golfer bedeutet demnach, je höher Ihr Handicap ist, desto größer ist Ihre Behinderung. Darüber sollten Sie jetzt nicht traurig oder gar beleidigt sein, speziell, wenn Sie sich im Vollbesitz Ihrer geistigen und körperlichen Kräfte wähnen. Dieses offiziell berechnete Handicap wandelt sich in einen immensen Vorteil, sobald Sie mit einem Menschen Golf spielen, der ein geringeres Handicap hat.
Vorgabe oder Handicap 36 bedeutet eigentlich nur, daß einem an allen Löchern gnädigerweise zwei Schläge mehr als zum Beispiel einem Pro genehmigt werden. Man hat „jeweils zwei vor". Was man sonst noch vorhat, interessiert in diesem Fall

nicht. Regen Sie sich wegen der eigenartigen Zählweise nicht auf, Sie haben ja das noch viel verrücktere System beim Tennis auch gelernt. Und da gab's 15 Punkte für nur einen lächerlichen Schlag!

Ein Beispiel, falls Sie es noch nicht ganz kapiert haben: Der Platz, den Sie spielen wollen, hat in der Regel einen Standard von Par 72. Das heißt, ein Pro muß ihn mit 72 Schlägen (oder weniger) bewältigen. Sie als mit HC 36 Behinderter dürfen den Platz Turbo Diesel oder GTI, also mit Sonderzulage, sprich 108 Schlägen oder mehr spielen.

Wenn Sie als X-Klasse noch mal 30 Schläge dazugeben, können Sie außerdem mit dem anregenden Gefühl vom Platz gehen, das Greenfee auch voll ausgenutzt zu haben. Aber irgendwie ist die Sache mit der Vorgabe „very british" und sportlich. Denn wo gibt es das sonst, daß ein flügellahmer Anfänger die Gelegenheit hat, einen Profi zu übertrumpfen und zu schlagen? So was müßte man bei den Olympischen Spielen einführen, um den olympischen Gedanken wieder zu dem zu machen, was die alten Griechen sich dabei gedacht haben. Wenn zum Beispiel einer nur vier Meter weit springen kann, bekommt er ein HC vier Meter und schon kann er acht Meter springen und hat die Chance Olympiasieger zu werden! Der Profi, der veritable acht Meter springen kann und

keine Vorgabe hat, steht dann dumm da, wenn er ausnahmsweise nur 7,90 Meter gesprungen ist und von einem mit HC vier die Goldmedaille abgenommen bekommt. Diese hübsche Idee sollte man mal dem IOC vorlegen.

Der absolute Härtetest für den spätberufenen Golfer ist auch das phänomenale Gedächtnis der Mitspieler. Leute, die sich kaum erinnern, wie sie heißen, wie viele Ehefrauen sie verschlissen haben und wie groß die Zahl ihrer Enkel ist, vergessen keinen einzigen Schlag ihrer Runde. Ja, fatalerweise erinnern sie sich sogar noch an jeden Schlag, den die Mitspieler gemacht haben, und rechnen ihn sofort in Punkte um, da sie auch deren Handicap im Kopf haben. Sollten Sie sich leichtsinnigerweise für Loch fünf eine Zehn ein getragen haben, zählt dieser Mitspieler Ihnen jeden einzelnen Driver, Hacker, Chip und sogar den Luftschlag, den Sie hinter dem Busch gemacht haben, auf. Er beweist Ihnen ungeniert und superfreundlich, daß Sie eine Zwölf gespielt haben. Verständnisvoll fügt er dann an: „Ja, wenn man so viele Schläge macht, kann man sich an einzelne nicht so genau erinnern... Mir ist das früher, als Anfänger, auch so gegangen."

Wenn es Sie stört, auf dem Golfplatz und in Ihrem nun wirklich nicht mehr zarten Alter geschulmeistert zu werden, dann sollten Sie sich recht-

zeitig auf die Fährnisse der Golfmathematik einstellen. Außerdem winkt Alzheimer schon und da heißt es, die kleinen grauen Zellen zu trainieren. Denn „mens sano in corpore sano“. Das heißt, wenn Sie körperlich fit sind, sollten Sie verzichten, auf dem von mitfühlenden Freunden zum Einstieg in Ihre Golfkarriere geschenkten Golfcomputer zu rechnen. Kopfrechnen ist in. Sie können höchstens ganz verstohlen in der Hosentasche die kleine Perlenschnur zu Rate ziehen.
Nun kommt es hin und wieder vor, daß Sie bei einer gemütlichen Runde mit Gleichgesinnten Ihr Handicap unterspielten. Kein Mensch ärgert einen, niemand macht die anderen durch supergenaues Auslegen der Golfregeln verrückt, niemand, der sich beim Abschlag die Nase putzt, oder keiner, der beim Putten über das moosige Green mosert. Kurz, in angenehmer Gesellschaft erzielt man oder frau die besten Ergebnisse. Nun können Sie stolz im Clubhaus von Ihrer 96iger Runde plaudern und davon, daß der Schlag vom Rough direkt neben die Fahne einem Bernhard Langer gut zu Gesicht gestanden hätte. Aber solange sich diese Leistung der feinsten Art nicht in der Clubkarte manifestiert, glaubt sie keiner. Jetzt erweist es sich als nützlich, gute Freunde zu haben, die Golf spielen und Ihnen vielleicht noch einen Gefallen schulden. Lassen Sie diesen Spezi bei der

nächsten Runde für Sie zählen. Vorher sollten Sie noch ein tolles Abendessen in Aussicht stellen, falls Sie heute Ihr Handicap schaffen. Von 36 bis 28 darf Ihnen so ein Verbündeter in Golf Ihre Leistung beim Clubsekretär bestätigen. Und dieser trägt das dann in Ihre Karte ein.

Wenn Sie nun den Anspruch haben, noch weniger als 28 spielen zu wollen, dann müssen Sie diese Großtat in einem vorgabewirksamen Turnier erbringen. So nur mit Freunden das Handicap zu unterspielen, zählt jetzt nicht mehr. Leider!
Es gibt zweierlei Turniere: vorgabewirksame und solche, die das nicht sind. Zu den vorgabewirksamen Turnieren melden sich ehrgeizige Neugolfer an. Wenn Sie schon etwas erfahrener sind und Ihre Behinderung ständig unterspielen, sollten Sie

diese vorgabewirksamen Wettkämpfe meiden wie der Teufel das Weihwasser. Denn würden Sie mit ihrem HC runtergesetzt, wäre es aus mit dem Gewinn schimmernder Pokale, glitzernder Silberschalen oder eleganter Kristallkaraffen. Und die extra angeschaffte Designervitrine bleibt öd und leer. Übrigens: Wenn Sie am liebsten Gaudi- oder Spaßturniere spielen, lassen Sie sich das nicht vermiesen von Leuten, die behaupten, Sie würden Ihr Handicap schonen. Die sind bloß neidisch auf Ihre tolle Pokalsammlung.
Warum sollten Sie überhaupt weniger als Vorgabe 36 haben? Na ja, beim Golfen ist weniger eben mehr. Und es läßt sich nach einer gewissen Spielerfahrung einfach nicht vermeiden, daß man mal besser als 36 spielt. Und nicht vergessen, die Zukunft beginnt täglich, und es könnte sein, daß Sie plötzlich den dringenden Wunsch verspüren, mal in Hintertupfenhausen zu spielen. Der heimische Platz, den Sie inzwischen voll im Griff haben, löst bei Ihnen das große Gähnen aus. Sie suchen nach neuen Ufern und Herausforderungen. Ja, und da könnte es sein, daß Sie in Hintertupfenhausen Ihre Clubkarte mit dem Handicap zeigen sollen und daß die da so komisch sind und ihren schweren Platz niemandem zumuten wollen, der eine schwere Behinderung von über 28 hat. Diese üble Angewohnheit ist, speziell unter Golfclubs, die

ihren langweiligen Platz dadurch interessant machen wollen, weitverbreitet. Da Sie sich nun nicht mit roten Ohren und dem klappernden Trolley davontrollen wollen, müssen Sie nun unbedingt die 28 schaffen. Danach, ja danach ist es dann Ansichtssache, ob es sich lohnt, weitere Anstrengungen in Richtung Verbesserung des Handicaps zu unternehmen, oder ob es besser ist, nur zum Vergnügen Golf zu spielen.
Mit Handicap 24 ist das Green auch nicht grüner!

Nur wer den Bunker
kennt,
weiß was ich meide.

(Goethe)

Von Vorspielen, Durchspielen und flotten Dreiern

Keine Angst, jetzt geht's nicht um unanständigen Kram, sondern um Dinge, die auch der spätberufene Golfer ganz schnell drauf hat: Er weiß, daß das Vorspiel(en) fast das Schönste am Golf ist.
Stellen Sie sich vor, es ist ein herrlicher Frühsommermorgen, das Gras ist naß vom Tau, die Vögel zwitschern und Sie streben mit Ihrem Lebensabschnittsgefährten beschwingt dem ersten Abschlag zu. Ein Tag zum Eier legen!
Doch was erblickt Ihr sonnenbebrilltes Auge? Vier junge drahtige Männer stehen bereits am Abschlag und bereiten sich auf den ersten Drive vor!
Ihr Lächeln gefriert, genau wie die Laune. Was haben solche jungen Männer eigentlich am hellichten Wochentag auf dem Golfplatz zu suchen? Als sie in diesem Alter waren, konnten Sie sich kaum eine Tennisstunde abknapsen. Und die hier: 18 Loch und danach womöglich noch schön mittagessen im Club! Unglaublich, welch Wirtschaftspotential sich der Pflicht entzieht und Genuß der Karriere vorzieht. Und die sollen mal unsere Ren-

ten erwirtschaften. Dann ist für uns mit Golfen nix mehr drin!
Aber, oh Wunder, dann die Wende: Freundlich grüßend kommt einer der jungen Männer auf Sie zu, obwohl Sie sich vornehm und wie es sich gehört im Hintergrund gehalten haben, und fragt: „Wollen Sie nicht vielleicht zuerst abschlagen?"
Sagen Sie jetzt bloß nicht, daß Sie Anfänger sind! Und daß Sie möglicherweise zu zweit mehr Zeit als ein Vierer brauchen. Es ist Ihr gutes Recht, vor dem Vierer zu spielen. Sie wissen doch: wochentags Zweier vor Dreier usw.
Und wenn Ihr Abschlag wie üblich zu einem Minidrive von 20 Metern gerät, entschuldigen Sie sich bloß nicht unterwürfig wie eine abgetakelte Miß Starnberger See. Schließlich weiß jeder, daß Sie jetzt unter Druck stehen. Nehmen Sie sich Zeit, vielleicht sogar für einen Mulligan, und lassen Sie sich nicht antreiben. Halten Sie Ihr persönliches Tempolimit.
Denn in der Ruhe liegt die Kraft. Das ist es ja, warum die meisten Spätberufenen dieses Survivalspiel angefangen haben: Man und frau will weg vom Streß und will sich auf gar keinen Fall hetzen lassen. Das ist gut und richtig so. Man sollte das Spiel – und auch die Natur – so richtig genießen. Herrlich, wenn vorne alles leer ist und ein Vierer einem den Rücken freihält. Es ist ein unglaublich

erhebendes und befriedigendes Gefühl, wenn man die ganzen 18 Loch unberührt vor sich weiß. Keiner behindert Elan und Schwung. Kein Handy, kein C-Netz, keiner ruft zur unaufschiebbaren Sülzkonferenz. Niemand bremst, höchstens man selber oder der eine oder andere ungebührlich in die Flugbahn ragende Ast stört die intergalaktische Euphorie minimal. Ganz allein zu zweit über die weichen Fairs schlendern, genüßlich das samtige Grün mit dem Putter streicheln, diese Freuden kann nur nachempfinden, wer schon mal sechs oder mehr Stunden in einem Turnier hinter vier pokalgeilen Korinthenputtern herdackeln mußte.

Machen Sie sich nichts daraus, daß der flotte Vierer hinter Ihnen ab und zu Ihr Golfbag trifft. Das ist ganz normal, denn Sie müssen und möchten sich auf der Suche nach einem ungehorsamen Ball ab und zu in die Büsche schlagen. Da holen die anderen logischerweise etwas auf. Die unangenehme Nähe regelt sich spätestens beim nächsten Green, da können Sie wieder an Boden gewinnen und den lustbringenden Abstand erneut erreichen. Und außerdem macht es den vier jungen Menschen bestimmt nichts aus, hin und wieder etwas zu warten. Die haben sich bestimmt viel zu erzählen oder sie wollen miteinander Geschäfte machen. Man kennt das ja aus amerikanischen Filmen.

Als spätberufener Golfer haben Sie sicher oft den Eindruck, so schnell wie Michael Schumacher zu spielen. Rechnen Sie doch mal: Eine volle Runde von 18 Loch sollte in circa vier Stunden gespielt werden. Das heißt, für jedes Loch bleiben nach Adam Riese 240 Minuten geteilt durch 18. Das sind 13,333333333 Minuten im Schnitt pro Fairway-Bewältigung und das Einlochen. Das ist also die Zeit, die Sie für etwa 350 bis 500 Meter benötigen dürfen. Und wenn man bedenkt, daß ein Hundertmeterläufer etwa zehn Sekunden braucht, sind die 13 Minuten, die Ihnen für durchschnittlich 350 Meter zur Verfügung stehen, eine ganze Menge Holz.

Und davon lümmeln Sie noch mindestens ein Drittel der Zeit rum. Sie müssen warten, bis die tranigen Mitspieler endlich den Ball ansprechen, Probeschwünge und nach angemessener Zeit ihren kläglichen Hacker machen. Wenn Sie dann an der Reihe sind, nehmen Sie sich aber auch Ihre Zeit, sie steht Ihnen zu. Außerdem ist der Clubbeitrag nicht von schlechten Eltern und sollte voll ausgenützt werden. Auf dem Golfplatz lernt jeder, daß Zeit ein unglaublich relativer Begriff ist.

Übrigens auch für die, die hinter Ihnen Power machen wollen.

Und wenn die Ihnen permanent in die Fersen

spielen, gibt es einige gute Rezepte, ihnen buddhistische Geduld beizubringen:
Küssen Sie Ihren Partner auf jedem Green. Schreiben Sie dort auch gleich Ihre Schlagzahl auf, damit Sie sie ja nicht vergessen. Und wenn das nicht genügt, daß die hinter Ihnen Spielenden sich disziplinieren, dann stellen Sie jedesmal ihren Trolley direkt Mitte vor dem Grün ab. Sie werden sehen, die Drängler geben entweder nach dem neunten Loch auf, oder sie beherrschen sich für die restlichen Löcher. Und das ist schließlich auch etwas, das man beim Golfen so lernen kann.
Wenn Sie nun selbst hinterher spielen müssen, erleben Sie schmerzvoll, daß Ihr Spiel immer schlechter wird und sich die Laune dem anpaßt. Auch wenn sich Ihre friedliebende, mitspielende Ehefrau bemüht, Ihre schäumende Ungeduld zu besänftigen. Das mag wohl für zwei Löcher hinhauen, aber dann sticht auch den spätberufenen Golfer der Hafer, er möchte spielen, laufen, sich austoben. Und jeder weiß, daß Warten ein tödliches Gift ist, daß der gebremste Schwung so steil wird wie die Falte auf der Stirn und das Divot weiter fliegt als der Ball.
Sollten Sie an einem Sonn- oder Feiertag auf einen Vierer aufspielen, der Schneckentempo mit gutem Spiel (zügig gehen, ruhig spielen) verwechselt, regen Sie sich nicht auf. Wenn die so trödelig spie-

len, müssen die entweder mit dem Druck von Ihnen klar kommen oder Sie durchspielen lassen. Das erfordert die Etikette, Vorrecht an Sonn- und Feiertagen hin oder her.

Wenn der Vierer avocadoweich ist und Sie durchspielen läßt, sollten Sie als Seiteneinsteiger wissen, wie man das stilvoll macht. Mit Grandezza, einer elegant-hochnäsigen Handbewegung und ein wenig Herablassung winken Sie lässig im Vorbeischreiten (keinesfalls eilen!) den Langweilern zu. Bedanken Sie sich artig und wünschen weiterhin ein schönes Spiel. Aber geben Sie durch Ihre Körpersprache zu verstehen, daß Sie von diesen Golfplatzschnecken total genervt sind und daß Sie es für unglaublich halten, was für Prolos auf den Platz gelassen werden. Entsprechende geflüsterte, aber unüberhörbare Bemerkungen können Sie ruhig zu ihrem Mitspieler machen. Denn Sie müssen sich ja schließlich für Ihr jetzt folgendes, endlich flottes Spiel aufbauen und total motivieren. Motto: Sorge dich nicht, golfe!

Lassen Sie sich aber keineswegs von eingebildeten Durchwinkern aus der Ruhe bringen. Andernfalls geschieht, was immer passiert: Es wird jämmerlich gehackt, gesliced oder gehookt. Die Ohren werden rot, die Nase spitz, und es breitet sich der Dunst von Haß und Mißgunst über das Fairway. Jeder hält den anderen für blöd, unfähig zu spielen und

ohne den geringsten Schimmer, wie man sich auf dem Platz benimmt.
Aber das ist der ganz normale Durchspielwahnsinn.

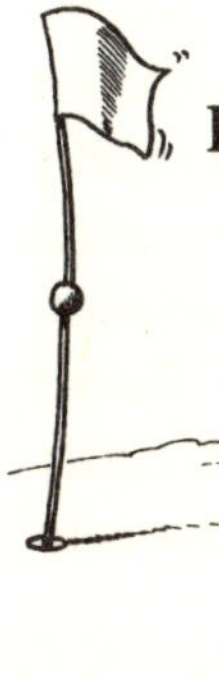

Laß deine linke Hand nicht wissen, was die rechte tut!

(Matthäus 6, 3)

Der Golfer und sein Garten

Golfer sind in der Regel Menschen, die sich gerne in der freien Natur aufhalten. Viele von diesen Freiluftfanatikern haben den roten Tennissand mit dem Grün des Golfrasen getauscht. Nicht nur aus irgendwelchen Prestigegründen, sondern auch weil sie mit den schnellen Spurts, den harten Stops und den granatenmäßigen Aufschlägen nicht mehr so zurechtkommen. Die meisten dieser spätberufenen Golfer haben es außerdem zu gewissem Wohlstand gebracht und nennen ein Häuschen im Grünen mit einem hübschen Garten drumherum ihr eigen.

Nun genießen sie bei ihrem neuen Sport voller Freude den Lauf der Jahreszeiten. Wenn sie ihren Ball im Rough, Biotop oder am Wegesrand suchen, entdecken sie so manches Blümelein, das sie schon fast vergessen hatten. Blühte hier vorige Woche eine zarte Anemone, so versteckt sich jetzt der Ball im reizenden Schutz des dottergelben Löwenzahns. „Ein Korbblüter!" fällt dem Golfer ein und dazu der Dr. Hinterschied, der im Biologieunterricht nicht aufhören konnte, von der

Schönheit des Löwenzahns zu schwärmen. Lange Zeit hatte der spätberufene Golfer keine Löwenzahnblüte mehr aus der Nähe gesehen, denn im heimischen Garten wurde die Pflanze, sollte sie es wagen, auch nur ein vorwitziges Spitzchen aus dem englischen Rasen zu strecken, ausgemerzt. Löwenzahn, igitt!

Aber hier in der freien Golfnatur ein Wunder, eine Schönheit, einfach bezaubernd. Und später wird daraus eine Pusteblume. Wie abgefahren romantisch! Mit einem Lächeln auf den Lippen spielt der Golfer weiter, und es tut ihm ein bißchen weh, wenn er mit dem nächsten Schlag leider, leider den Korbblüter abmähen muß.

Wie schön ist es doch für den sensiblen Golfer, daß er durch seine neue Obsession die Jahreszeiten so hautnah miterleben kann. Die Seele kann auftanken, sieht man mal von den Mißerfolgen in Zusammenhang mit Ball und Schläger ab. Ein überirdischer Traum, das Gartenjahr draußen im Freien erleben zu dürfen. Über den Dingen zu schweben, ohne abzuheben. Denn leider, Gott sei Dank, läßt der neue, heißgeliebte Sport einem keine Zeit für die mühsame und lästige Pflege des eigenen, heimischen Gartens.

Aber das hat auch was Gutes. Wenn man beispielsweise durch gepflegte Villen- oder Vorstadtviertel geht, fällt einem so die eine oder andere

Anlage auf, die die Bezeichnung „Bio-Garten“ verdient. Bestimmt gehört ein solcher Garten Golfern, die ihre Grenzen selbst bestimmen. Hier wird die Natur so gelassen, wie sie gedacht ist.

Pflege und Gestaltung wird voll und ganz Mutter Grün anvertraut. Und die sorgt liebevoll dafür, daß sich die heimischen Wildkräuter (die Bezeichnung „Unkraut“ für Brennessel und Co. ist übrigens total out) wieder einnisten und begehrte Futter-, Brut- und Schutzzonen für die vom Aussterben bedrohten Vogel-, Schnecken-, Raupen- und Wühlmausarten bieten.

Da soll sich bloß einer von der Müslifraktion über Golfplätze aufregen. Denn je mehr Golfneulinge, um so mehr neue Biotope. Und das mitten in dicht besiedeltem Gebiet.

Lassen dann die zarten Herbstzeitlosen am Fairwayrand das Ende des diesjährigen Golferglück- und -leids erahnen, hemmt der Altweibersommer den forschen Schritt, mäht der Greenkeeper zum ersten Mal die Wintergreens, dann läßt der melancholisch gestimmte Golfer seinen Gerätschaften eine ungewohnte Reinigung zukommen. Und er fühlt, daß die Zeit gekommen ist, da er seinem Garten wohl notgedrungen ein wenig Zuwendung schenken muß. Aber was entdeckt er? Der im Frühling so bewunderte Löwenzahn hat sich mit kräftigen Pflänzchen jede Ritze und jeden Winkel seines Gartens erobert. Und da er aus bitterer Erfahrung weiß, daß es gegen Windmühlen zu kämpfen gilt, wenn man dem Löwenzahn den Krieg ansagt, packt er lieber seine sauberen Schlä-

ger wieder aus und spielt noch mal eine Runde, dort, wo ihn kein Kraut am falschen Platz zur Gartenarbeit mahnt.

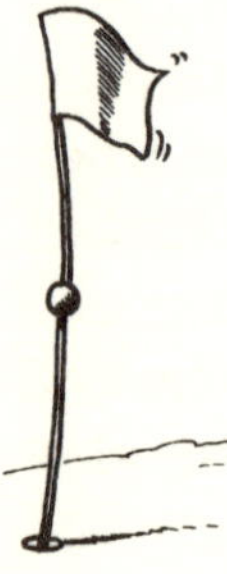

Tu das Deine,
Golf tut das Seine.

(deutsches Sprichwort)

Wes das Herz voll ist...

Sollten Sie als neugewonnener Golfer militante Nichtgolfer zu Ihrem Freundeskreis zählen, so können Sie in einem so illustren Zirkel keinen besseren Gesprächsstoff haben als eben Golf.
Sollte einer von der Sache ablenken, kommen Sie immer wieder auf Ihr Lieblingsthema zurück. Denn was ist im Leben schon wichtiger als ein verpaßtes Birdie? Um was sollte man sich größere Sorgen machen als um einen perfekten Schwung? Wen interessiert nicht der Schlag des Jahrhunderts, den Bernhard Langer aus drei Meter Höhe aus einem Baum geschlagen hat? Wer möchte nicht mitleiden bei der zu Herzen gehenden Geschichte von der verlorenen Ehre des Herrn Blum, der nur, weil er sich beim letzten Turnier als Zähler von der menschlichen Seite gezeigt hat, disqualifiziert wurde? Wer lauscht nicht fasziniert Ihren Erzählungen von seitlichen Wassern, falschen Grüns, Boden in Ausbesserung, beweglichen und unbeweglichen Hemmnissen oder von einem Ball in einem Gang, den ein grabendes Tier hinterlassen hat?

Sie sehen, die Golf-Themen sind unerschöpflich und erquicklich.
Zu einem Diskussionshöhepunkt können Sie beitragen, wenn Sie lässig und ganz nebenbei das Wort „Grüne“ einflechten. Dieses Stichwort polarisiert schlagartig die Gesellschaft. Werden Biotope geschaffen oder zerstört? Wird Ackerland sinnvoll stillgelegt oder vernichtet? Verbraucht ein Golfplatz mehr Wasser als eine Stadt mit hunderttausend Einwohnern?
Lasssen Sie sich unter keinen noch so logischen Einwänden einiger weniger grün angehauchter Bekannter beirren. Kämpfen Sie für Ihr Grün, Ihre Fairways, Ihre Bunker, Ihre Wasserhindernisse. Sie wissen, ohne die Mengen Dünger, Pestizide und Herbizide, die für einen Golfplatz gebraucht werden, wären wieder unzählige Menschen in Bayer-Leverkusen arbeitslos.
Sollte Ihr nichtgolfender Freundeskreis sich eines schönen Tages an Ihren spannenden Golf-Storys sattgehört haben, suchen Sie sich einen neuen. Denn Golf ist und bleibt vorläufig Ihr Leben. Und wie übersetzte Luther schon den Matthäus, Kapitel 12, Vers 34: „Wes das Herz voll ist, dem läuft der Mund über.“

Liebe ist…

Sie hat ein liebes Eheleben lang unter seiner sportlichen Potenz gelitten. Beim modischen Joggen sank sie ein Viertelstündchen hinter ihm aufs häusliche Sofa.

Beim schweißtreibenden Radeln hatte er in der angesteuerten Waldwirtschaft schon das erste, kühle Weißbier in sich hineingekippt, bevor sie ihren leidgeprüften Hintern vom ergometrisch geformten Sattel hob.

Beim Skifahren hielt er ihr heldenhaft, aber zähneknirschend einen Platz in der drängelnden Menge an der Liftschlange frei.

Beim Sandplatz-Tennis gab er ihr 30 vor und gewann immer noch mit 6 : 1, 6 : 0.

Und beim Telesport war er sowieso immer der Größte. Mit sicherem Selbstbewußtsein und angelerntem Rollenverhalten eroberte er sich die Fernbedienung und zappte sich durch sämtliche Sportprogramme. Und er wußte von der Schuhgröße bis zum Leibgericht alles über seine Sportidole. Sie wußte nicht mal, was Abseits ist. Sie stand höchstens beim Sport in demselben.

Wenn beide aber nun miteinander zu golfen anfangen, kann die Sache anders aussehen. Denn beim Golfen heißt es nicht „höher, weiter, schneller“, sondern „gerade, genauer, geruhsamer“. In

der Ruhe liegt die Kraft. Und die Ruhe liegt meistens bei ihr.

Sie hat jetzt auch mehr Zeit für die Drivingrange als er, denn die Kinder sind bei einer Spätberufenen aus dem Haus, und Mutter hat Zeit für ihr neues Hobby. Der verständliche Wunsch, dem knackigen, jungen Golflehrer zu gefallen, läßt ihre

Golf-Fortschritte unproportional zu ihrem Talent rasch wachsen.
Ein mittleres Ehedrama bahnt sich aber an, wenn sie vor ihm die Platzfreigabe erreicht. Beim besten Willen kann sie diese für sie erfreuliche Tatsache nicht vor ihm verheimlichen, denn sie – die Tatsache – wird ja im Clubhaus gebührend begossen.
Auch ihre ersten Triumphe in Rabbit-Turnieren lassen sich schlecht vertuschen. Schließlich stechen neue, glitzernde Pokale in der heimischen Vitrine nun mal ins Auge.
Es gibt nur eine Möglichkeit, seinen lädierten Sportlerstolz ein wenig zu restaurieren: Verzählen Sie sich zu seinen Gunsten.
Denn merke: Liebe ist, wenn sie ihn gewinnen läßt...

Ich bin zu alt,
um nur zu spielen,
zu jung,
um ohne Wunsch zu sein.

(Goethe)

Zeit oder die Relativitätstheorie

Kennen Sie auch nur einen einzigen Zeitgenossen, der Zeit hat, hatte oder haben wird? Oder gar jemanden, der so exotisch ist, auch noch einzugestehen, daß er Zeit hat? Für dies und für jenes? Tatsache ist doch: Keiner hat Zeit für irgendwas. Keine Zeit, das berühmte gute Buch zu lesen, das auch im letzten Urlaub unausgepackt im Koffer blieb („Man kommt ja zu nichts."). Keine Zeit, spazierenzugehen, keine Zeit, mit den Enkeln zu spielen oder zu diskutieren, keine Zeit, ins Kino oder ins Museum zu gehen. Kurz, Zeit ist Mangelware und daher lieb und teuer. Zeit wird nur für sinnvolle Unternehmungen ausgegeben. Und sinnvoll ist, was Geld, was Anerkennung, ja vielleicht sogar Macht bringt.
Kommt dann die staatlich verordnete Sommerzeit, freuen sich alle über die täglich geschenkte Stunde. Zeit, die man nun mehr hat, ein halbes Jahr lang. Aber auch diese Zeit wurde schon an den Winterabenden verplant. Für wichtige Grillparties mit CDU-Stadträten, anspruchsvolle Radeltouren mit SPD-Abgeordneten und hochintellek-

tuelle Biergartenbesuche mit Geschäftsfreunden. Und nach einer oder zwei Wochen ist einem gar nicht mehr bewußt, daß man täglich eine „Über“stunde hat.

Ging es Ihnen bisher auch so? Und nun hat der Golf-Virus Sie befallen. Und dem muß erst recht Zeit geopfert werden. Viel Zeit. Ganze Nachmittage und mehr. Besonders, wenn man die total unproduktive Late-night-Zeit im Clubhaus mitrechnet.

Aber wie durch ein Wunder haben Sie plötzlich Zeit, beinahe unendlich viel Zeit. Sie haben Zeit, schon eine Stunde vor der Trainerstunde auf dem Platz zu sein. Sie haben Zeit, auch hinterher noch ein ausgiebiges Schwätzchen zu halten. Sie haben Zeit, 18 Löcher lang über den Platz zu gehen, und das dauert zwischen mindestens drei bis sechs Stunden! Dazu kommt die Fahrzeit für Hin- und Rückfahrt, duschen, umkleiden, einen Drink nehmen, etwas essen usw.

Wohl dem, der jetzt einen Partner oder eine Partnerin hat, der/die von der gleichen Krankheit befallen ist.

Wohl dem, der zu Hause Kinder hat, die heilfroh sind, wenn keiner sie belästigt oder gar erziehen will.

Wohl dem, auf den weder Katz noch Hund noch Maus warten.

Baden Sie ungeniert in diesem großen Meer von unendlich viel Zeit. Genießen Sie dieses neue Gefühl von Zeit und Freiheit.
Nur manchmal werden Sie sich erstaunt fragen: „Was habe ich früher eigentlich gemacht, als ich das Wort Golf nur vom Hörensagen kannte?"
Diese Frage wird wohl für immer und ewig unbeantwortet bleiben und gehört zu den großen Geheimnissen des Rätselsports Golf. Und dies bestätigt mal wieder Herrn Professor Einsteins Theorie, daß alles relativ ist, auch die Zeit.

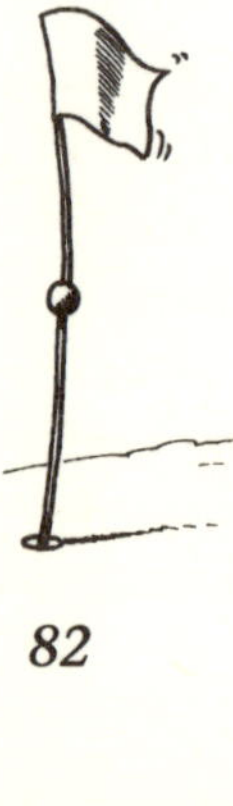

Mit des Golfes Mächten
ist kein ewger
Bund zu flechten.

(Schiller)

Die Typenlehre

oder: Wer oder Was bin ich

Hippokrates (460 – 375 v. Chr.), der große Arzt des Altertums, kann nichts dafür, daß heute jeder Quacksalber mit abgeschlossenem Examen auf ihn einen Eid schwört. Dieser Eid des Hippokrates enthält auch heute noch die einzig gültigen, sittlichen Gebote des wahren Arzttums. Dieses Vorbild für alle Ärzte, auch die Golf spielenden, hat die antike Temperamentenlehre geschaffen. Danach teilen wir auch im Zeitalter von Gameboy und CD-Rom uns und unsere Mitmenschen ein in: Sanguiniker, Choleriker, Melancholiker und Phlegmatiker.
Auch wenn die Grenzen wie so oft meist fließend sind, wollen wir an Hand dieser Typenlehre aus dem alten Griechenland dem Neugolfer gemäß seines Typs ein paar unbezahlbare Ratschläge mit auf die Runde geben.

Der Sanguiniker
Er ist leicht erregbar, sprunghaft, ein wenig oberflächlich, aber dafür heiteren Gemüts, immer on-

line und im Internet. Haben Sie sich erkannt? Um auf dem Golfplatz Ihr Temperament ausleben zu können, sollten Sie bei jedem Fehlschlag dem fliegenden oder kullernden Ball nette und passende Flüche hinterherschicken. Beim Addieren der Punkte vergessen Sie ruhig den einen oder anderen Luftschlag. Lautes Lachen über die kleinen Mißgeschicke Ihrer Mitspieler erfreut nicht nur Sie, sondern den ganzen Flight. Und lachen ist gesund. Es gehört nun mal zu Ihrem Temperament.

Der Choleriker

Man sagt, daß er schnell aufbraust, leidenschaftlich ist, oft auch jähzornig sein kann und knallhart über einen unbeugsamen Willen verfügt. Entspricht das Ihrer Mentalität?

Sie verhindern, daß Ihre Galle auf dem Abschlag, Fairway oder dem Grün überläuft, nur dadurch, daß Sie Ihren Gefühlen und Ihrem Körper keinen Zwang antun. Eisen, Holz und Putter sind überaus geeignete Werkzeuge für Gartenarbeit und für Frustabbau. Ein umgepflügtes Grün erfreut zudem

das Herz des Greenkeepers, schließlich braucht auch er sein Feedback durch seine Arbeit. Setzen Sie Ihren unbeugsamen Willen bei der Definition der Regeln ein. Ihre Maßstäbe sind die einzig richtigen. Recht ist nun mal, was dem Starken nützt.

Der Melancholiker
Gehören Sie zu denen, die bis jetzt diese Zeilen voller Trauer und Zweifel gelesen haben? Leiden Sie unter dem Gefühl der Leistungsunfähigkeit, ja oft sogar der Schwermut? Können Sie sich nicht entschließen, welchen Schläger Sie für einen Chip

wählen sollen? Dann sind Sie ein Melancholiker, aber auch ein Schwärmer. Das ist ja nichts Schlechtes, wirklich nicht. Man erkennt Sie von weitem an der Form Ihrer hängenden Schultern, die nach einem Fehlschlag fast Bodenberührung bekommen. Ihnen ist leider nicht zu helfen. Nur ihre ultimative Liebe zur Natur kann Ihrer schwärmerischen Natur auf die Beine und den Golfplatz helfen. Die Blümelein am Wegesrand bewundern, das kleine dumme Schmetterlinglein vom Ball pusten, das Ästchen, das zwischen Ball und Schläger stört, vorsichtig zur Seite zupfen, diese und ähnliche Verhaltensweisen verhelfen auch Ihnen zu einem erfüllten Golferleben.

Der Phlegmatiker

Gleichgültig, träge, behäbig, bedächtig und unempfindlich bis kaltblütig, das sind die Adjektive des Phlegmatikers. Aber das kann Sie nicht stören, wenn Sie einer sind. Auch Mangel an Erregbarkeit wird Ihnen vorgeworfen.

Na, wenn schon. Das alles wird auf dem Golfplatz beileibe nichts schaden.

Lassen Sie sich, wenn Sie zur Spezies Phlegmatiker gehören, Zeit. Time ist nicht nur Money, sondern bringt alle anderen, wartenden Spieler auf die Palme. Sie bleiben auf dem Rasen. Rasen sollen die anderen. Mit Schäufelchen und Förmchen für den

nachfolgenden Flight im Bunker Kuchen backen, das entspricht eher Ihrem Naturell, als wie ein aufgescheuchtes Huhn über den Platz zu laufen. Bleib cool, man!

Go future – go golf

Einmal angefangen, kann man es nicht lassen. Golf ist wie eine Droge. Es ist wie Freeclimbing mit Stützkorsett. Es kribbelt im Bauch vor Angst, der Absturz erfolgt aber nur mental. Eben noch super gut drauf, verfällt der On-line-Golfer nach dem nächsten Fehlschlag in tiefe Depression. Das ist der ganz normale Golfwahnsinn. Und Golf macht abhängig.

Das Spiel mit Schläger und Ball verschafft dem Golf-Junkie unkontrollierbares Nervenzittern, Spannung auch der kleinsten Muskelfaser und schlaffe, ausgepowerte Glieder, wenn's mal nicht so ging, wie erträumt.

Daher wird Golf auch gerne als Traumsport tituliert. Golf läßt für den, der sonst nichts mehr zu erwarten hat, Träume zu. Träume von neuen Erfolgen. Träume davon, daß sich beim nächsten Schlag alles ändern wird, daß beim nächsten Loch wieder alles von vorne anfängt. Golf ist volles Risiko ohne Netz und doppelten Boden, denn der Spieler kann sich nur auf sich und den lieben Gott verlassen. Und der liebe Gott kann ja nicht überall sein.

Darum ist der Mensch auf dem Golf-Highway ein einsames Individuum. Zwar spielt er in aller Regel nicht allein. Aber in Wahrheit spielt er nur für, mit und gegen sich. Er selber ist es, der sich im Wege steht. Auch wenn ihm als Ausrede der Autolärm,

der Streß in der Firma, der Trouble mit der Ehefrau dienen.

Wenn Sie als spätberufener Golfer plötzlich gute Vibrations spüren, wenn auf einmal alles läuft, dann ist da das Glück mit im Spiel. Das Glück, ohne das beim Golfen gar nichts funktioniert. Wenn sich ausnahmsweise keine der Schreckensvisionen – Ball im Aus, im Rough oder auf dem Baum – erfüllt, dann ist das nicht nur Ihrem sensationellen Können zu verdanken, sondern dem Glück. Golfen ist nämlich außer Sport auch Glückssache.

Glück, wenn der Drive gelingt. Glück, wenn das Fairwayholz trifft. Glück, wenn der Chip nicht im Bunker landet, und Glück, wenn der Putt nicht wie gewöhnlich zehn Zentimeter vorm Loch abbremst, sondern mit hörbarem Klötern ins Loch stürzt. Das ist Glück. Und dafür sollten Sie dankbar sein. Denn wenn Sie nicht dankbar sind, sondern glauben, Sie allein haben das Spiel gemacht, dann werden Sie spätestens bei der nächsten Partie eines Besseren belehrt. Das ist es, was beim Golfen zur Demut erzieht, das geschenkte Glück, das man nicht kaufen kann.
Und Glück macht süchtig, genau wie Golf.

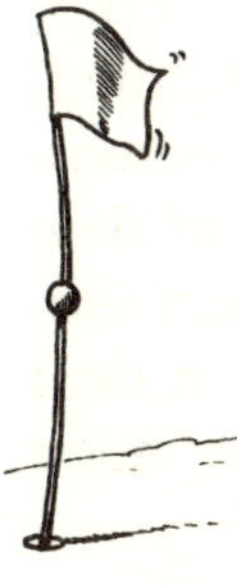

Glücklich allein ist die Seele, die golft.

(Goethe)

Die Zehn Golf-Gebote

1. Du darfst keinen anderen Pro neben demselben haben. Vor allem keinen, der Deinen Griff umstellt und Dir so Deinen Fade oder Slice austreibt.

2. Du sollst die Drivingrange meiden. Denn wer übt, fällt den Kollegen in den Rücken.

3. Wenn Du ausnahmsweise einen schlechten Tag hast, mußt Du die Schuld an Deinen Fehlschlägen auf andere schieben.

4. Du sollst falsches Zeugnis reden, wenn Dein Mitspieler, der auch Dein Zähler ist, Dich nach der Anzahl der gespielten Schläge fragt.

5. Du darfst Dich nicht erwischen lassen, vor allem nicht beim heimlichen Benutzen des Fußwedge.

6. Du sollst auf dem Grün Deinen Unmut durch lautes Fluchen kundtun, auch wenn die Spieler auf dem nächsten Abschlag davon etwas gestört werden.

7. Du sollst niemals den Golf-Gott anrufen, es sei denn, Du willst ein Hole in one spielen.

8. Du sollst Deinen Gefühlen freien Lauf lassen, auch wenn dabei eine Junganpflanzung und Dein Siebener Eisen zu Bruch gehen.

9. Laß Pitchmarken und Divots in ihrem natürlichen Zustand und laß den Sandbunker so reizvoll zurück, wie ihn Deine Spikes gestaltet haben.

10. Deine Shorts sollen so kurz und Dein Top so aufregend sein, daß man Dich kaum von einem(r) Engländer(in) unterscheiden kann.

Glossar

Hier finden Sie in einer für dieses Buch typischen Unvollkommenheit Stichworte, deren tieferer Sinn für Sie

bisher unverständlich war. Übereinstimmungen mit lebenden Personen und der wahren Golferexistenz sind rein zufällig und nicht beabsichtigt.

A

Aggregat

Hierbei handelt es sich um eine mehrgliedrige algebraische Summe der Ergebnisse mehrerer Golfspieler, die verglichen mit der mehrgliedrigen algebraischen Summe der Ergebnisse anderer Golfspieler Aufschluß darüber gibt, wer das eben beendete Loch gewonnen hat. Alles klar?

Alptraum

Das ist der Traum, den man vor einem Golfturnier hat, das auf einem in den Alpen gelegenen Golfplatz stattfindet.

Amateur

„Golfamateur ist, wer den Golfsport frei von Vergütung oder Bereicherung ausübt“ so die Definition des Amateurs des Deutschen Golfverbandes. Der Amateur darf also bei Turnieren keine Preise entgegennehmen. Dafür ist es ihm aber erlaubt, hohe Startgebühren zu entrichten. Aber er darf, ohne dadurch gleich zum Profi ernannt zu werden, „reine Erinnerungspreise, deren Wesen als Erinnerungssymbol aus eindeutiger und dauerhafter Kennzeichnung hervorgeht, wie insbesondere dauerhaft gravierte Trophäen aus Metall von her-

kömmlicher Art, Größe und Beschaffenheit sowie Glasgegenstände mit Gravurschliff" (wörtlich aus dem Amateurstatut des Deutschen Golfverbandes) annehmen. Wobei der Begriff „Metall von herkömmlicher Art" den Begriff des Geldes nicht ausdrücklich ausschließt, und graviert sind Geldstücke ja allemal. Oder? Dann sind Preisgelder, die in Münzen ausgegeben werden, Trophäen, und der Empfänger bleibt Amateur.

Anfänger
auch Rabbit (Kaninchen) oder Hacker genannter Golfspieler, der wie das Wort schon besagt, am Anfang einer steilen Karriere als Golfamateur steht.

Anfängerglück
Sollte ein Anfänger einmal erfolgreicher sein als ein alter Hase, so wird das nie seinem Können, sondern eben diesem legendären Anfängerglück zugeschrieben. Es handelt sich hierbei um eine reine Schutzbehauptung, um etwaigen Gesichtsverlust der Beinaheprofis abzuwehren.

Angst
Golf ist ein mit mächtigen, vielfältigen und abgrundtiefen Ängsten besetzter Sport. Sei es die Angst vor dem „Wasser", vor dem „Aus", die Angst, den Putt nicht zu versenken oder das näch-

ste Loch wieder zu versauen. Das suchtartige Verhalten der Spieler ihrem Sport gegenüber erklärt sich aus den vielfältigen Möglichkeiten, die jeweilige Angst zu überwinden und daraus ein Erfolgserlebnis zu machen.

Annähern
Beim Annähern wird versucht, Schläger schwingend dem Loch näher zu kommen. Speziell junge, mittellose Damen haben hier die einmalige Möglichkeit, sich rein golfsportlich älteren, gutsituierten Herren anzunähern, mit ihnen fortan gemeinsam auf dem Green oder auch sonstwo die Möglichkeiten weiterer Annäherungen zu erproben und zu üben.

Ansprechposition
Dies ist die Stellung, die ein Golfspieler seinem Ball gegenüber einnimmt, wobei er hofft, daß dieser die gewünschte Antwort gibt.

Aufschwung
Ohne den richtigen Aufschwung kein Erfolg, wie schon sehr schön beim Aufschwung Ost zu beobachten ist. Golfneulinge sollten sich viel Mühe mit dem Aufschwung geben. Abwärts geht es ganz von allein.

Aus

Aus ist aus, und da gibt's nichts zu erklären. Außer daß das Aus beim Golfen nur hinter weißen Pfählen ist. Im richtigen Leben kann das Aus überall sein.

B

Backspin

heißt wörtlich übersetzt: zurückspinnen. Kann also mit Golf nichts zu tun haben, da es da immer nur vorwärts gehen sollte.

Ball

Im allgemeinen kann man davon ausgehen, daß ein Ball einfach nur rund ist. Nicht so beim Golf. Laut Regelbuch des Deutschen Golfverbandes (basierend auf den Regeln des Royal and Ancient Golf Club of St. Andrews und der United States Golf Association) sollte ein Golfball ein Gewicht haben, und zwar exakt 45,93 g. Dann hat er noch einen Durchmesser, der nicht geringer als 41,15 Millimeter sein darf. (US-Version 42,67 – die Amis lieben es ja schon immer etwas größer und höher. Siehe ihre Steaks und Wolkenkratzer.) Man höre und staune: Dieser Anforderung ist Genüge getan,

wenn ein Ball bei einer Temperatur von 23° plus/minus 1° C unter dem Druck seines eigenen Gewichts aus weniger als 25 von 100 nach dem Zufallsprinzip bestimmten Ausgangspositionen durch eine kreisförmige Leere von 41,15 (Sie wissen schon: US-Version 42,67) Millimeter Durchmesser fällt.
Dann, auch das ist außergewöhnlich, muß der Ball so gestaltet und gefertigt sein, daß er sich im allgemeinen wie eine symmetrisch geformte Kugel verhält. Wirklich erstaunlich, was die Herren in St. Andrews sich alles ausdenken. Wahrscheinlich liegt das an dem legendär schlechten Wetter und ebenso guten Whisky in Schottland.

Ball ansprechen
Wenn Sie, bevor Sie dem Golf-Virus anheimgefallen sind, andere Ballspiele betrieben haben, dann schrien Sie sicher das eine oder andere Mal Ihrem Tennisball zu: „Geh übers Netz, du alte Flasche!" Derartige persönliche und intime Zwiesprache ist nicht gemeint, wenn man beim Golf einen „Ball anspricht". Außerdem sollten Sie Ihren Golfball nur auf englisch ansprechen, andere Sprachen kennt er nicht.

Ball sehen
„Ein Spieler hat nicht unbedingt Anspruch, seinen

Ball sehen zu können, wenn er einen Schlag spielt!" Das gehört zur Regel zwölf des Regelbuches, und dem ist nichts hinzuzufügen.

Beherrschung
Das ist das, was die meisten auf dem Golfplatz verlieren würden, wenn sie sich nicht so gut beherrschen könnten.

Behinderung
Normalerweise ist Behinderung etwas, was einen davon abhält, irgend etwas zu tun oder zu können. Beim Golfen hört sich das so an: „Behinderung durch zeitweiliges Wasser, Boden in Ausbesserung oder Loch, Aufgeworfenes oder Laufspur eines Erdgänge grabenden Tieres, eines Reptils oder eines Vogels ist gegeben, wenn ein Ball in einem solchen Umstand liegt oder ihn berührt oder wenn ein solcher Umstand die Standposition des Spielers oder den Raum seines beabsichtigten Schwungs behindert." Ja, die alten Schotten in St. Andrews haben viele lange Winterabende, an denen sie nicht Golf spielen können.

Bermudas
durch das Bermudadreieck bekannt gewordene Inselgruppe. Als PR-Gag hat man dort einst allen Männern die Hosen über dem Knie abgeschnitten.

Aus der Tracht der Bermunesen wurde eine weltweite Golfmode. Diese macht aus Herren Golfspieler.

Biotop

Alles, was das Wort „Bio“ enthält ist gut. Bio heißt Leben. Demnach dürfen Bälle, die einen geschützten Lebensraum, meist Teich oder Sumpf, aufsuchen, aus demselben unter keinen Umständen herausgeholt werden. Es wird in eingeweihten Kreisen hinter der Hand davon geflüstert, daß Golfbälle solche Biotope zum klassischen Liebesspiel, zum Ablaichen und zur Aufzucht neuer Golfball-Generationen schätzen.

Bubbi-Preis

Begehrter Preis für den Spieler mit dem schlechtesten Ergebnis. Benötigt in der Regel keinen Platz in der Gelsenkirchener Barock-Vitrine, muß auch nicht abgestaubt oder poliert werden.

Bunker

Dies ist normalerweise ein dickummauertes Gebäude, in dem der Mensch Schutz vor Angriffen sucht. Beim Golf ist aber alles anders. Ein Bunker ist hier ein mehr oder weniger großes, mit klebrigem Sand gefülltes Loch, das an völlig unpassender Stelle das Fairway verunstaltet. Übrigens, raus

kommen Sie immer. Auch wenn das erst mit dem 27. Schlag gelingt.

C

Champagner
Was für den Jogger sein isotonisches Getränk, das ist für den Golfer der Champagner, auch wenn er ihn anschreiben läßt.

Clubhaus
Zufluchtsstätte für ausgebrannte Manager, Alibiadresse für zeitweilig anderweitig sportelnde Ehemänner, Dreh- und Angelpunkt für Clubklatsch, Oase für Dürstende, auch 19. Loch genannt.

Clubmeister
gott- oder gurugleiches Idol, das nach dem Empfang des ihm zustehenden überdimensionierten silbernen Suppentopfes bis zur nächsten Clubmeisterschaft drei Zentimeter über dem grünen Rasen schwebend sich aus der Masse der niedrigen Golfspieler heraushebt. Übrigens: Einen Clubmeister spricht man – besonders als Spätberufener – nicht an, man wartet, bis man die Gnade eines netten Blickes oder freundlichen Wortes von ihm erhält.

D

Dame (auch „Lady“ genannt)
Normalerweise wird so eine Person weiblichen Geschlechts genannt, die weiß, wie man sich zu benehmen hat und wo man die teuersten Kleider einkaufen und wer sie bezahlen kann. Beim Golfen dagegen wird so die Runde bezeichnet, die ein Golfer ausgeben muß, wenn er mit einem Abschlag nicht über das Damen-Tee gekommen ist. Bei Anfängern ein erfreulich häufiges Geschehen, das über die noch vorhandenen Unzulänglichkeiten im Sport hinwegtröstet.

Damenwettspiel
in der Regel unter Ausschluß der Öffentlichkeit stattfindende Meisterschaft in der Kunst der spitzen Bemerkungen.

Demut
Wer Demut in seinem bisherigen Leben nur vom Hörensagen kannte, begreift beim Golf durch leidvolle Erfahrung, was es damit auf sich hat.

Drivingrange
auch Schießbude oder -stand genannte Grünfläche zur Massenhaltung von Golfbälle auf die

Wiese knallenden Menschen. Im Gegensatz zu Japan, wo die Golfer in Käfigen ihre Arbeit erledigen müssen, bevorzugt man in Europa die Bodenhaltung.

E

Eagle
(Igel gesprochen) hat weder was mit dem Stacheltier noch mit einem Adler zu tun. Es ist ein unfaßbares Ereignis, das spätberufene Golfer so selten wie ein Lottogewinn ereilt.

Ehre
Die verlorene Ehre der Frau B. und des Herrn C. ist beim Golfen leichter wieder herzustellen als im richtigen Leben. Denn je weniger Schläge sie austeilen, um so schneller haben sie die Ehre zurück.

Einladungsturnier
Das ist ein gesellschaftlich relevantes Golfturnier, dem man als Promi Glanz verleihen soll. Ist man kein Promi, dann will der Gastgeber was von einem.

Eisen
Wichtigstes Gerät beim Golfen. Wer ein Eisen hat, hat auch ein Ziel. Eisen gibt es in verschiedenen Ausführungen und für die verschiedensten Zwecke. Wenn gar nichts mehr geht, dann hilft Eisen Sieben.

Erfolgserlebnis
Höchst gefährliches, weil seltenes Ereignis beim Golfen. Wer es erlebt hat, wird süchtig danach und spielt wider bessere Einsicht weiter Golf.

F

Fahne
(auch Pin oder Flagge genannt)
Damit man von weitem erkennen kann, wo sich das Nichts – auch Loch genannt und zugleich Objekt der Golferbegierde – befindet, steckt man eine Fahne, die an einem langen dünnen Stab flattert, in dasselbe. Es ist übrigens beabsichtigt, daß ab dem Jahr 2000 jeder Golfer auf sie einen Eid ablegen muß.

Fairway
Grünfläche, die angeblich „fair" dem Spieler gegenüber ist.

Fallenlassen
Im richtigen Moment den richtigen Ball an einer günstigen Stelle fallenlassen. Hierbei handelt es sich um eine große Kunst, die an die Fingerfertigkeit eines David Copperfield reichen sollte.

Falsches Grün
Wenn jemand von einem falschen Grün spricht, dann ärgert er sich darüber, daß sein Ball nicht auf der von ihm vorgesehenen Puttlinie ins Loch fällt. Man kann auch von einem gemeinen Grün sprechen.

Floridascramble
ist ein Spiel, bei dem alle wie Rühreier zusammengerührt werden und mit Glück am Ende ein dickes Ei zusammenhaben. Eignet sich ausgezeichnet als Partnervermittlungsersatz.

Freude
kommt beim Golfen seltener auf, als der Anfänger glaubt.

G

Geschenkt

Im normalen Leben wird einem kaum etwas geschenkt, beim Golfen auch nicht. Außer hier und da der letzte Putt, wenn man sowieso nicht mehr gewinnen kann. Vergessen Sie, diesen geschenkten Putt zu Ihren Punkten dazuzuzählen. Geschenkt ist geschenkt, und der Score wird es Ihnen danken.

Golf-Klinik

Spezialkrankenhaus für alle Golfgeschädigten.

Golferlatein

eine dem Jäger- und Anglerlatein philosophisch sehr nahestehende Sprache. Hält sich immer strikt an die Wahrheit.

Golfsekretär

einer der wichtigsten Menschen im Club, entscheidet über Sein oder Nichtsein. Ist mit kleinen Devotionalien milde zu stimmen.

Gras

hat nichts mit Marihuana zu tun, sondern ist wichtigster Bestandteil großer grüner Flächen, die

allerdings manchmal Halluzinationen hervorrufen können.

Green fee
Eintrittsgebühr in den Garten der Lüste.

Greenkeeper
Ist immer an allem schuld. Und wenn er es nicht ist, dann ist es der Rasenmäher, der ungleichmäßig geschnitten hat. Und wenn der es nicht ist, dann ist das Gras schuld, weil es ungleichmäßig zu wachsen wagt. Nie, aber auch nie ist der Golfspieler selber schuld, wenn er den Ball nicht einlocht.

Griff
Die regelmäßige Umstellung desselben bringt dem Golfer Leid und dem Pro Freud.

H

Hacken
Tätigkeit, mit der man dem Greenkeeper hilft, den Boden aufzulockern. Erfahrenere Spieler sind meist zu faul zum Hacken.

Hacker
Als Hacker bezeichnet man Computerfreaks, die sich mittels unerlaubter, aber pfiffiger Methoden in Großcomputer von Telekom oder Pentagon einschleichen, sobald sie anfangen, Golf zu spielen.

Halber Schlag
Geben Sie mal eine „halbe Ohrfeige", dann wissen Sie, daß ein „halber Schlag" eine Utopie Ihres Golflehrers ist.

Handschuh
Da der Golfsport bekanntlich aus Schottland kommt und Schotten sparsame Menschen sind, trägt man aus Tradition und wegen des sagenumwobenen miesen schottischen Wetters nur einen Handschuh beim Golfen. Rechtshänder tragen ihn an der linken, Linkshänder an der rechten Hand, um ihn zu schonen.

Hemmnis
(nicht zu verwechseln mit Hemmungen, die beim Golfen auch, aber ziemlich selten vorkommen.) Hemmnis ist alles Künstliche. Und das Tolle ist, daß Sie, wenn Sie ein Hemmnis behindert, Erleichterung in Anspruch nehmen dürfen. Also keine Hemmungen, wenn Sie sich Erleichterung verschaffen wollen!

Hexenschuß
heftiger, plötzlicher Lenden- und Kreuzschmerz. Dieser Schmerz tritt auf, nicht weil Sie den Ball getroffen haben, sondern weil Sie ihn nicht getroffen haben.

Hole in one
bedeutet Glück im Unglück. Man trifft mit einem Schlag das Loch, bekommt dafür jede Menge Ehrungen und muß zur Strafe das gesamte Clubhaus mit Schampus überschwemmen.

Hoffnung
Hoffnung ist das Prinzip des Spiels. Hoffnung ist das, was einem Golfspieler immer noch bleibt, und wenn es die Hoffnung auf ein Bier danach ist.

Holz
Als Holz bezeichnet man Schläger die meist aus Titan, Carbon, Bronze Boron oder gar Gold Boron hergestellt sind.

Hundebesitzer
es gibt auch Golf spielende. Sie haben ein ständig schlechtes Gewissen, weil sie statt mit ihrem Hund mit einem Ball spazierengehen.

I

Indoor Golf
Zimmergolf, wird meist in amerikanischen Filmen im Büro des Helden gespielt.

Inner coaching
sich in Gedanken auf ein Sofa zurückziehen.

Interessante Lage
bei Baugrundstücken immer die Lage, die ein bißchen teurer als andere ist. Das gleiche gilt für interessante Lagen beim Golf, sie kosten meistens einen bis zwei Schläge mehr.

K

Konzentration
„Menge einer Molekülart je Raumeinheit in einer bestimmten Phase“ (Brockhaus), d.h., das Molekül Golfball zieht in der Raumeinheit Golfplatz zeitweise die Aufmerksamkeit auf sich.

Kurzes Spiel
Dies kommt auf Sie zu, wenn Sie das lange Spiel

hinter sich haben. Meist ist aber schon das lange Spiel ein kurzes. (siehe auch *Toppen*)

L

Loch

Ein Loch ist etwas, was eigentlich nicht ist. Und damit man erkennt, daß irgendwo ein Loch ist, hat jedes Loch einen Rand. In dieses Nichts wird beim Golfen versucht, den Ball mit möglichst vielen Schlägen hineinzubugsieren. Ein richtiger Golfplatz hat 18 Löcher, wie ein Schweizer Käse, und so spielt man meist auch.

Lochverlust

Ein Lochverlust tritt ein, wenn man das Loch nicht findet. Das 19. Loch findet man aber immer.

M

Markieren

Das haben Golfer und Hunde gemeinsam. Sie markieren beide, der eine seinen Ball, der andere

sein Revier. Der Golfer muß sich dabei allerdings bücken.

Mulligan
Das nennt der Golfer so, wenn man noch mal darf oder muß.

N

Nearest to the Pin
Versprechen, dem, der am nächsten neben der Fahne liegt, ein Geschenk zu machen, das so groß ist, daß es ein Golfamateur sowieso nicht annehmen darf. Denn sonst ist er auf der Stelle Profi.

Nerven
Wer sie hat, weiß, daß sie beim Golfen oft die gesunden Hirn- und sonstigen -funktionen zur Strecke bringen.

Neuanpflanzungen
Wie der Name schon sagt, handelt es sich hier um etwas ganz besonders Schönes, um neue Pflanzen. Und die muß man schonen, und deshalb darf man einen Ball, der in der Nähe dieser zarten

Gewächse liegt, straflos rauslegen. Neuanpflanzungen sind durch blaue Pfähle gekennzeichnet. Es soll Golfer geben, die einen solchen blauen

Pfahl stets bei sich führen, um aus jeder schlechten Lage eine Neuanpflanzung zu machen.

P

Par
hat nichts mit Paar oder paar zu tun, ist eine imaginäre Größe, gegen die Amateure wie Profis gleichermaßen ankämpfen.

Pin
hat nichts mit Pin-up zu tun, obwohl der Pin, bzw. das, worin der Pin steckt, beim Golfen das Ziel der Begierde ist.

Pitchmarke
Das ist ein kleines Loch im Green, das Golfer üblicherweise als netten Gruß an die nachfolgenden Spieler hinterlassen.

Platzregel
Regeln sind wie Steuern, jeder kennt sie, keiner mag sie und alle umgehen sie. Platzregeln sind von der Vorstandschaft selbstherrlich gemachte Gesetze, die nur auf ihrem Platz gelten.

Pokal
in der Regel potthäßlicher Pott. Die Ritter der Neuzeit scheuen keine Kosten und Mühen, um diesen Gral zu erringen.

Positive Einstellung
= think positiv. Eine mit der Psychowelle über den großen Teich geschwappte Heilslehre. Sie verspricht Glück, Erfolg und jede Menge Pokale, wenn man ein halbgefülltes Glas für halbvoll und nicht halbleer hält.

Präsidenten-Cup
jährlich ausgespielter Cup (Pokal) unterschiedlicher Größe, Schönheit und Qualität. Gelegenheit für den Präsidenten unter Beweis zu stellen, daß es ihn tatsächlich gibt.

Pro-Shop
kleines Geschäft voller überflüssiger und nützlicher Golfutensilien, das dem Golflehrer gehört und meist von seiner Lebensabschnittspartnerin geführt wird. Der Pro-Shop gibt Schülern, die sich genieren, ihrem Pro große Trinkgelder zukommen zu lassen, die Gelegenheit, ihre Dankbarkeit durch den Kauf teurer Golfklamotten, Schläger und allerlei Tand auszudrücken.

Probeschlag
Wer keine Lust hat, auf der Drivingrange zu üben, macht unterwegs auf der Golfrunde Probeschläge. Der Probeschlag ist immer der, der besser gewesen wäre als der darauf folgende „richtige“ Schlag.

Provisorischer Ball
Das ist ein Ball, der nur ein vorläufiger ist, wenn man ihn vorher als provisorisch bezeichnet hat.

Psychologie
eine der Säulen der Golfwissenschaft. Sie beschäf-

tigt sich mit den Modellen menschlichen Erlebens und Verhaltens, Denkens und Lernens bezogen auf den Golfer und sein Spiel.

Putter
Im Zweifel ist er immer der falsche und an allem schuld. Darum ist er ein ergiebiges Forschungs- und Verkaufsobjekt für Golfingenieure, die jedes Jahr den einzig wahren, treuen und wirklich guten Putter auf den Markt bringen.

Puttlinie
Hier handelt es sich um die imaginäre Linie, von der der Spieler glaubt, daß sein Ball darauf rollend direkt ins Loch fällt. Der Spieler muß, um diese imaginäre Linie zu erkennen, das Green lesen. Erkennen Sie die Schrift nicht, sollten Sie zu einem Augenarzt gehen oder einen Lese- und Schreibkurs der Volkshochschule besuchen.

Puttlinie betreten
Sie dürfen auf Ihrer eigenen Puttlinie weder gehen noch darauf treten, sonst gibt es Ärger mit den Herren von St. Andrews. Wenn Sie aber Ihrem netten Mitspieler mit Spikes oder dem Putter Unebenheiten in der Linie begradigen – und das passiert nur aus Versehen –, kann keiner Ihnen was Böses nachsagen. Sie sollten das allerdings äußerst

diskret bewerkstelligen, manche Mitspieler mögen es nämlich gar nicht, wenn man ihnen hilft. Es geht ihnen irgendwie gegen die Ehre.

R

Rabbit
ist ein Neugolfer, der auf der Suche nach seinem Ball in einen Kaninchengang geraten ist.

Regelabend
läuft nach dem Motto: Stellt euch vor, es ist Regelabend und keiner geht hin.
Regelabend ist ein Vorwand, auch außerhalb der Golfsaison auf ein Bierchen in den Club zu gehen.

Regenschirm
Unentbehrliches Requisit des Allwettergolfers. Hat sich als ausgezeichneter Blitzableiter bewährt.

Rough
(Raff gesprochen)
Hiermit bezeichnet man alles, was der raffgierige Greenkeeper zu mähen vergessen hat.

Rückschlag
gehört zum Golf wie Salz in die Suppe. Wenn Sie glauben, der Knoten ist endlich geplatzt, gibt es neue unerwartete Hindernisse auf dem Weg zum vollkommenen Golferglück. Trösten Sie sich damit, daß das Golfen todlangweilig wäre, wenn man es beherrschte. Seien Sie froh, wenn es Sie eines Tages nicht mehr beherrscht.

S

Schlägerpflege
etwas, was man sich immer vornimmt und höchstens zum Saisonende in die Tat umsetzt. Alte Ehepaare wetten um die Schlägerpflege, wer verliert, muß putzen. Um was sollen sie sonst zocken?

Schnupperkurs
Wie der Name schon sagt, hier wird geschnuppert, ob man begabt genug ist, Golf zu spielen. Genießen Sie den Kurs, so begabt wie jetzt werden Sie nie wieder sein.

Schulter
Über die linke Schulter spuckt man dreimal, wenn man jemandem Erfolg und Glück wünscht. Aber

daß man über die linke Schulter den Ball anschauen muß, bevor man ihn schlägt, ist auch wieder eine der eigenartigen Ideen von David Leadbetter und Konsorten.

Schwierige Lage
In einer schwierigen Lage befindet man sich, wenn alle zuschauen, während man gerade sein Foot-Wedge einsetzen möchte.

Scorecard
nach jedem Spiel ausgestelltes Zeugnis, in das die Noten für jedes der 18 Löcher eingetragen sind. Spätberufene Golfer sammeln ihre Scorecards. Beim Vergleich derselben nach mehrjähriger Spielerfahrung ist festzustellen, daß sich nichts verändert hat.

Seitliches Wasserhindernis
Bach, Sumpf, See oder biotopartiges Gelände, das einem ohne die leuchtend roten Pfosten nicht aufgefallen wäre und das der Ball ohne diese auch nicht gefunden hätte.

Socket
Dies ist keine Verniedlichung einer Golferfußbekleidung, sondern ein die Mitspieler gefährdender, sie gleichwohl erfreuender Querschläger.

Spielzufall
Wenn eine vorbeispazierende Nonne Ihren Ball netterweise aus dem Rough auf das Fairway wirft, ist das ein Spielzufall, und Sie dürfen den Ball so spielen, wie er liegt. Leider gibt es immer weniger Nonnen, die spazierengehen.

St. Andrews
Was für Moslems Mekka, Las Vegas für Gambler, das ist das schottische St. Andrews für Golfer. Golferinnen sind hier übrigens nicht zugelassen.

Stableford
Ein gewisser Dr. Frank B. Stableford, Chirurg und Spitzengolfer, war es leid, immer zu warten, bis alle Mitspieler ihre zehn bis 20 Schläge pro Loch gemacht hatten. Er erfand flugs das „Stableford", machte sich dadurch unsterblich und Golfturniere endlich endlich.

Straflos
der Versuch der Golf-Gurus, ein wenig vom antiautoritären Zeitgeist ins Spiel zu bringen.

T

Tee
normalerweise ein Getränk, beim Golfen ein Stückchen Holz oder Plastik, das oft weiter fliegt als der Ball.

Toppen
Top ist gleich „oben“, „bestens“, „super“, „tiptop“. Toppen heißt, den Ball top treffen. Regelmäßiges Toppen sorgt für ein ausgeglichenes Spiel: Lange Schläge werden kürzer und kurze Chips länger.

Tot an der Fahne
schreckliches Schicksal. Bei Golf-Witzen häufig gebrauchtes Motiv.

Trainerstunde
Zeit- und Goldopfer an den Golf-Gott. Meist helfen sie nur dem Pro weiter.

U

Unspielbar
Wenn Sie Lust haben, können Sie Ihren Ball überall auf dem Platz für unspielbar erklären. Je öfter

Sie das tun, um so höher wird Ihre Punktzahl. Und man gewinnt doch nach Punkten. Aber vielleicht gilt das eher für Henry Maske als für Bernhard Langer.

Understatement
ein Begriff aus der Zeit, als man in Deutschland die Zahl der Golfplätze an zwei Händen abzählen konnte.

V

Verlorener Ball
Ein verlorener Ball wird Ihnen am nächsten Tag zwei Mark billiger als zuvor angeboten. Ein total funktionierendes Recycling.

Video
Es gibt unendlich viele Golf-Videos: „Der Schwung“, „Das kurze Spiel“, „Das lange Spiel“, „Strategisches Spiel“, „Die Platzrunde“. Alles Hilfen über die hohen Hürden zum niedrigen Handicap. Leider alles Theorie. Kaufen Sie sich lieber einen Softporno. Das kurze Spiel wird dann vielleicht ein bißchen länger.

W

Wasserhindernis
völlig unnötige, weil den Spielfluß störende, mit Wasser gefüllte Fläche mitten auf dem Golfplatz. Siehe auch „Seitliches Wasserhindernis". Da Golfer trinkfeste und -freudige Menschen sind, muß ein im Wasserhindernis verschwundener Ball häufig mit einer Runde im Clubhaus betrauert werden.

Wasserschlag
Das ist, wie der Name schon sagt: ein Schlag ins Wasser. Wird mit einem Strafschlag belohnt.

Wetter
Vom Wetter spricht man, wenn einem sonst nichts einfällt und weil es in der Regel mies ist. Auch beim Golfen gilt: Es gibt grundsätzlich kein schlechtes Wetter, nur schlechte Kleidung.

Wind
Originalton aus den Golfregeln: „Weder Wind noch Wasser sind nicht zum Spiel gehörig." Verstehe das, wer will.

Wintergreen
Wenn es dem Greenkeeper gefällt, gibt es Wintergreens auch schon im Sommer.

X

Xanthippe
Ehefrau eines Golfers, die es versäumt hat, auch mit diesem Zeitvertreib anzufangen.

Z

Zählwettspiel
Unverständlicherweise gewinnt ein Zählwettspiel immer der, der die wenigsten Schläge für die Runde gebraucht hat.

Zeitweiliges Wasser
Stille Wasser sind tief, zeitweilige meist nicht. Sie entstehen in der Regel nach Regen- oder Schneefällen. Aber ob sie nun tief oder flach, durch Regen oder Schnee entstanden sind, sie bringen dem Golffreund Erleichterung. Nicht daß Sie nur Ihre Blasen an den Füßen, hervorgerufen durch die

neuen alternativen, wasserabweisenden, atmungsaktiven Schuhe, kühlen dürfen, nein, Sie dürfen den Ball einfach in die Hand nehmen, abtrocknen und besser legen. Bei dieser Regel haben die hohen Herrn von St. Andrews einmal Mitleid mit uns Armen im Golfe gehabt.

Zocken
Wie der Floh zum Jack Russel, wie das Kamel zum Nadelöhr, die Ente zur Bild-Zeitung, wie die Schlange zum Auto, der Spatz zur Hand und die Taube aufs Dach, wie die Maus zum Computer, so gehört für viele spätberufene Seiteneinsteiger Zocken zum Golfen.

Zukunft
Der spätberufene Golfer hat im richtigen Leben seine Zukunft meist hinter sich, beim Golfen hoffentlich noch vor sich.

Zweifel
Jedem vernunftbegabten Menschen kommen hin und wieder Zweifel. Warum nicht auch einem Golfer?